다시 시작하는

첫걸음부터 중급까지

일본어 첫걸음

서승철 지음

동양문고 1

다시 시작하는
첫걸음부터 중급까지
일본어 첫걸음

초판 7쇄 | 2018년 10월 20일

지은이 | 서승철
발행인 | 김태웅
편집장 | 강석기
편 집 | 신선정, 김효은
일러스트 | 전은혜, 이영
디자인 | 방혜자, 김효정, 서진희
마케팅 총괄 | 나재승
마케팅 | 서재욱, 김귀찬, 오승수, 조경현, 양수아, 김성준
온라인 마케팅 | 김철영, 양윤모
제 작 | 현대순
총 무 | 김진영, 안서현, 최여진, 강아담
관 리 | 김훈희, 이국희, 김승훈

발행처 | 동양북스
등 록 | 제 10-806호(1993년 4월 3일)
주 소 | 서울시 마포구 동교로22길 12(04030)
전 화 | (02)337-1737
팩 스 | (02)334-6624

http://www.dongyangbooks.com

ISBN 978-89-8300-663-9 13730

머리말

과거 언젠가 일본어 공부를 해 보셨던 분!
그리고 지금 다시 일본어 공부를 시작해 보려는 분!
일본어 공부를 처음 시작해 보려고 하는데, 현재 시중에 나와 있는 첫걸음 교재의 내용만으로는 왠지 만족감이 들지 않는 분!

이 교재는 이런 분들의 요구를 충족시켜 드리기 위해 개발되었습니다.

한 번 아니면 두 번 정도 일본어를 공부한 경험이 있는 분들 중에는 다시 시작해 보려는 분들이 있습니다. 이런 분들이 가진 특징은 일본어의 기본 문자와 기초 문법을 어느 정도 알고 있다는 점일 것입니다.
그런데 얼마간의 시간이 흐른 지금 다시 일본어를 공부하려 하지만 마땅한 교재가 없습니다. 그도 그럴 것이 시중에서 판매되는 대부분의 일본어 입문서가 히라가나·가타카나를 시작으로 해서 절반 정도의 내용은 이미 아는 내용으로 채워져 있어서 얼른 구입하기가 꺼려지기 때문입니다. 그렇다고 해서 그 내용들을 무시할 수도 없는 실정입니다. 왜냐 하면 그 내용도 실상은 완벽하게 아는 것이 아니기 때문입니다.

이런 분들에게 가장 필요한 교재는 무엇일까요?

이 교재에는 현재 시중에서 판매 중인 첫걸음 학습서에 들어 있는 내용이 핵심 정리 형식으로 포함되어 있습니다. 또한 첫걸음 학습서에 포함되어 있지 않은 초·중급 수준의 내용이 밀도 있게 담겨 있습니다.
한편, 첫걸음 학습을 마쳤더라도 복습을 겸하면서 다음 단계의 학습을 하고 싶은 분들에게 또한 매우 유용한 교재가 될 것입니다.

모쪼록 위와 같은 내용이 담긴 교재를 필요로 하는 분들에게 유익하게 활용되기를 바라며, 앞으로의 일본어 학습에 큰 발전이 있기를 바랍니다.

저자

CONTENTS

목차

Part02 초 · 중급편

CONTENTS

Part03 부록(1)

부록(2)

이 책은 첫걸음편, 초·중급편, 부록으로 구성되어 있으며, 각 파트의 특징은 다음과 같습니다.

첫걸음편

1. 문자와 발음
일본어의 기본 문자와 기본 발음법을 실었습니다. 네이티브 스피커의 발음이 녹음되어 있는 CD를 들으며 정확한 발음을 익힙시다.

2. 인사말
일상생활에서 가장 많이 쓰이는 인사말을 수록하였습니다. 각각의 인사말은 단어처럼 외워 두었다가 교재와 같은 상황이 되면 말해 보는 습관을 들입시다.

3. 핵심 공식
회화를 익히기 위한 문법을 핵심 공식으로 정리하였습니다. 간단하면서도 알기 쉽게 정리하였으므로, 반드시 이해한 후 암기하시기 바랍니다.

4. 본문회화
일상생활에서 반드시 필요한 회화문으로 구성하였습니다. 핵심 공식의 문법 내용을 완전히 이해한 후에 참고어구와 해석 부분을 이용해 분석하고 CD를 들으면서 입에 붙도록 반복해서 따라서 말하는 학습을 합시다.

5. 예습 및 복습
예습과 복습 부분을 두었습니다. 본문회화를 이해하는 데에 좋은 길잡이가 되어 줄 것입니다.

초·중급편

첫걸음 학습을 마친 다음 초·중급 수준의 문법과 회화를 학습하는 파트입니다. 같은 내용의 대화를 존중체와 보통체 두 가지로 연습해 봅시다.

초급 한자 총정리

꼭 익혀야 할 일본어 초급 한자를 수록하였습니다.

MEMO

첫걸음편
문자와 발음

외국어 학습의 기본은 그 나라의 문자와 발음을 익히는 일이다. 여기에는 일본어의 기본 문자와 발음법이 모두 실려 있다. 또한 CD에는 각 글자와 예로 든 단어들의 발음이 네이티브의 음성으로 녹음되어 있으므로, 반복해서 듣고 따라하는 연습을 하자.

일본어의 문자에 대해

우리가 한글과 한자를 써서 문자로 삼은 것에 비해, 일본어는 히라가나(ひらがな), 가타카나(カタカナ), 한자(漢字) 등 세 가지를 써서 문자로 삼았다.

1 히라가나(ひらがな)

이 글자는 한자의 초서체에서 비롯되었다고 한다. 즉 한자의 모양을 빌어서 만들어진 글자라는 뜻이다. 9세기 경에 만들어졌는데, 당시에는 주로 한자가 사용되는 시기였다. 따라서 이 문자를 흔히 여성들이 사용했다. 현대 일본어에서는 가장 보편적으로 쓰이는 문자이다.

2 가타카나(カタカナ)

이 글자는 한자의 일부분을 따서 만들어졌다고 한다. 현대 일본어에서는 외래어를 표기하는 데에 가장 많이 쓰이고, 필요에 따라 전보문, 의성어·의태어, 동식물의 이름, 강조하고자 하는 글에 사용한다.

한편, 일본도 우리 나라처럼 외래어를 많이 사용하게 되어 가타카나가 매우 중요한 위치를 차지한다. 따라서 결코 소홀히 해서는 안 된다.

3 문자 학습에 대해

일본어의 기본 글자, 외워야 할까 말아야 할까? 이 물음에 대한 해답은 무엇인가?

외국어 공부를 몇 년 동안이나 했어도 말 한 마디 하지 못하는 폐단을 지적하면서 회화 중심의 학습을 권유하는 사람이 있는가 하면, 좀더 빠른 학습을 위해서는 체계적인 문법 학습을 권유하기도 한다.

그런데 중요한 사실 한 가지만 일러둔다. 이 책은 문자를 먼저 외우고 학습하는 것이 더 효과적이다. 단, 한 가지 당부하고 싶은 말은 가급적 빨리 정확하게 외우라는 것이다. 일본어 공부를 하기로 마음먹었다면 만사 제쳐놓고 히라가나부터 외워라! 거기에서 자신감이 생겨날 것이다.

〈오십음도〉

● ○ 히라가나 [ひらがな]

	あ행	か행	さ행	た행	な행	は행	ま행	や행	ら행	わ행	
あ단	あ [a]	か [ka]	さ [sa]	た [ta]	な [na]	は [ha]	ま [ma]	や [ya]	ら [ra]	わ [wa]	ん [ŋ]
い단	い [i]	き [ki]	し [si]	ち [chi]	に [ni]	ひ [hi]	み [mi]		り [ri]		
う단	う [u]	く [ku]	す [su]	つ [tsu]	ぬ [nu]	ふ [hu]	む [mu]	ゆ [yu]	る [ru]		
え단	え [e]	け [ke]	せ [se]	て [te]	ね [ne]	へ [he]	め [me]		れ [re]		
お단	お [o]	こ [ko]	そ [so]	と [to]	の [no]	ほ [ho]	も [mo]	よ [yo]	ろ [ro]	を [wo]	

●● 가타카나 [カタカナ]

	ア행	カ행	サ행	タ행	ナ행	ハ행	マ행	ヤ행	ラ행	ワ행	
ア단	ア [a]	カ [ka]	サ [sa]	タ [ta]	ナ [na]	ハ [ha]	マ [ma]	ヤ [ya]	ラ [ra]	ワ [wa]	ン [ŋ]
イ단	イ [i]	キ [ki]	シ [si]	チ [chi]	ニ [ni]	ヒ [hi]	ミ [mi]		リ [ri]		
ウ단	ウ [u]	ク [ku]	ス [su]	ツ [tsu]	ヌ [nu]	フ [hu]	ム [mu]	ユ [yu]	ル [ru]		
エ단	エ [e]	ケ [ke]	セ [se]	テ [te]	ネ [ne]	ヘ [he]	メ [me]		レ [re]		
オ단	オ [o]	コ [ko]	ソ [so]	ト [to]	ノ [no]	ホ [ho]	モ [mo]	ヨ [yo]	ロ [ro]	ヲ [wo]	

히라가나 청음(清音) '청음'은 맑은 소리란 뜻.

あ行 일본어의 모음. 우리말 '아/이/우/에/오'에 가깝다.

あ [a]	い [i]	う [u]	え [e]	お [o]

Track 01
・あい [ai] 사랑　・いえ[ie] 집　・うお[uo] 물고기　・うえ[ue] 위　・おい[oi] 조카

か行 자음 k는 우리말 'ㄱ'과 'ㅋ'의 중간 발음에 가깝다. 낱말의 중간이나 뒤에 올 때는 약간 세게 발음하는 경향이 있다.

か [ka]	き [ki]	く [ku]	け [ke]	こ [ko]

Track 02
・かお [kao] 얼굴　・おか[oka] 언덕　・きく[kiku] 국화　・かき[kaki] 감
・くい [kui] 말뚝　・いく[iku] 가다　・けおり[keori] 모직물　・いけ[ike] 연못
・こえ [koe] 목소리　・かこ[kako] 과거

さ行 자음 s는 우리말 'ㅅ'에 가까운 발음. す는 '수'와 '스'의 중간 발음이다.

さ [sa]	し [si]	す [su]	せ [se]	そ [so]

Track 03
・あさ[asa] 아침　・いし[isi] 돌　・すし[susi] 초밥　・せき[seki] 자리　・うそ[uso] 거짓말

た行 자음 t는 우리말 'ㄷ'과 'ㅌ'의 중간 발음에 가깝다. 단, ち와 つ처럼 달리 소리나는 일본어 특유의 발음에 주의할 것. 낱말의 중간이나 뒤에 올 때는 약간 세게 발음하는 경향이 있다.

た [ta]	ち [chi]	つ [tsu]	て [te]	と [to]

Track 04
・たこ[tako] 문어　・こたえ[kotae] 대답　・ちか[chika] 지하　・くち[kuchi] 입
・つくえ[tsukue] 책상　・あつい[atsui] 덥다　・てつ[tetsu] 철　・ちかてつ[chikatetsu] 지하철
・とし[tosi] 나이　・おとこ[otoko] 남자

な行 자음 n은 우리말 'ㄴ'에 가까운 발음.

な [na]	に [ni]	ぬ [nu]	ね [ne]	の [no]

Track 05
・なし[nasi] 배　・あに[ani] 형, 오빠　・いぬ[inu] 개　・ねこ[neko] 고양이　・きのこ[kinoko] 버섯

は行 자음 h는 우리말 'ㅎ'에 가까운 발음.

は [ha]　ひ [hi]　ふ [hu]　へ [he]　ほ [ho]

Track 06
・はな[hana] 꽃　・ひと[hito] 사람　・ふね[hune] 배　・へそ[heso] 배꼽　・ほし[hosi] 별

ま行 자음 m은 우리말 'ㅁ'에 가까운 발음.

ま [ma]　み [mi]　む [mu]　め [me]　も [mo]

Track 07
・うま[uma] 말　・うみ[umi] 바다　・むし[musi] 벌레　・あめ[ame] 비　・もち[mochi] 떡

や行 일본어의 반모음. 우리말 '야/유/요'에 가깝다.

や [ya]　ゆ [yu]　よ [yo]

Track 08
・やま[yama] 산　・ゆき[yuki] 눈　・よやく[yoyaku] 예약

ら行 자음 r은 우리말 'ㄹ'에 가까운 발음.

ら [ra]　り [ri]　る [ru]　れ [re]　ろ [ro]

Track 09
・そら[sora] 하늘　・りす[risu] 다람쥐　・くるま[kuruma] 차　・れきし[rekisi] 역사　・いろ[iro] 색깔

わ行 & ん 우리말 '와'에 가까운 발음. ~を는 목적격 조사 '~을/를'로만 쓰인다.
'お'와 발음이 같다.

わ [wa]　を [wo]　ん [ŋ]

Track 10
・わたし [watasi] 나, 저　・きん[kiŋ] 금　・を는 '~을, ~를'의 뜻으로만 쓰임.

헷갈리는글자

あ ≠ お　ぬ ≠ め　ね ≠ れ ≠ わ　る ≠ ろ
[a]　[o]　[nu]　[me]　[ne]　[re]　[wa]　[ru]　[ro]

가타카나 청음(清音) 각 행(行)의 발음은 히라가나(ひらがな)와 같다.

ア行 ～ ナ行 Track 11

ア [a]	イ [i]	ウ [u]	エ [e]	オ [o]
カ [ka]	キ [ki]	ク [ku]	ケ [ke]	コ [ko]
サ [sa]	シ [si]	ス [su]	セ [se]	ソ [so]
タ [ta]	チ [chi]	ツ [tsu]	テ [te]	ト [to]
ナ [na]	ニ [ni]	ヌ [nu]	ネ [ne]	ノ [no]

- アイス [aisu] 아이스(ice)
- ケーキ [keːki] 케이크(cake)
- セーター [seːtaː] 스웨터(sweater)
- ナイト [naito] 밤(night)
- ノート [noːto] 노트(note)
- エア [ea] 공기(air)
- シーソー [siːsoː] 시소(seesaw)
- ソース [soːsu] 소스(source)
- テニス [tenisu] 테니스(tennis)
- スキー [sukiː] 스키(ski)
- スカート [sukaːto] 스커트(skirt)
- ツアー [tsuaː] 투어(tour)
- カヌー [kanuː] 카누(canoe)

※ 'ー'표는 길게 끌어서 발음하는 '장음 부호'이다.

ハ行 ～ ン行 Track 12

ハ [ha]	ヒ [hi]	フ [hu]	ヘ [he]	ホ [ho]
マ [ma]	ミ [mi]	ム [mu]	メ [me]	モ [mo]
ヤ [ya]		ユ [yu]		ヨ [yo]
ラ [ra]	リ [ri]	ル [ru]	レ [re]	ロ [ro]
ワ [wa]		ヲ [wo]		ン [ŋ]

- コーヒー [koːhiː] 커피(coffee)
- ミルク [miruku] 밀크(milk)
- モノレール [monoreːru] 모노레일(monorail)
- ライフ [raihu] 라이프(life)
- レール [reːru] 레일(rail)
- ヘア [hea] 머리카락(hair)
- ホームラン [hoːmuraɴ] 홈런(home run)
- リスト [risuto] 리스트(list)
- ワルツ [warutsu] 왈츠(waltz)
- ホテル [hoteru] 호텔(hotel)
- ユニホーム [yunihoːmu] 유니폼(uniform)
- ルーム [ruːmu] 룸(room)
- レモン [remoɴ] 레몬(lemon)

※ 'ー'표는 길게 끌어서 발음하는 '장음 부호'이다.

자음 g는 우리말 'ㄱ'에 가까운 발음.

| が [ga] | ぎ [gi] | ぐ [gu] | げ [ge] | ご [go] |
| ガ | ギ | グ | ゲ | ゴ |

자음 z는 우리말 'ㅈ'에 가까운 발음.

| ざ [za] | じ [zi] | ず [zu] | ぜ [ze] | ぞ [zo] |
| ザ | ジ | ズ | ゼ | ゾ |

자음 d는 우리말 'ㄷ'에 가까운 발음. 조금 다르게 발음하는 ぢ와 づ에 주의.

| だ [da] | ぢ [zi] | づ [zu] | で [de] | ど [do] |
| ダ | ヂ | ヅ | デ | ド |

자음 b는 우리말 'ㅂ'에 가까운 발음

| ば [ba] | び [bi] | ぶ [bu] | べ [be] | ぼ [bo] |
| バ | ビ | ブ | ベ | ボ |

반탁음(半濁音) は행 오른쪽 상단에 반탁음 부호 [゜] 표기.

자음 p는 우리말 'ㅍ'에 가까운 발음.

| ぱ [pa] | ぴ [pi] | ぷ [pu] | ぺ [pe] | ぽ [po] |
| パ | ピ | プ | ペ | ポ |

「い段」의 글자(き, し, ち, に, ひ, み, り, ぎ, じ, ぢ, び, ぴ) 옆에 「や, ゆ, よ」를 조그맣게 써서 표기합니다.

Track 18

きゃ 캬(kya)	きゅ 큐(kyu)	きょ 쿄(kyo)	ぎゃ 갸(gya)	ぎゅ 규(gyu)	ぎょ 교(gyo)
しゃ 샤(sya)	しゅ 슈(syu)	しょ 쇼(syo)	じゃ 쟈(zya)	じゅ 쥬(zyu)	じょ 죠(zyo)
ちゃ 챠(chya)	ちゅ 츄(chyu)	ちょ 쵸(chyo)	ぢゃ 쟈(zya)	ぢゅ 쥬(zyu)	ぢょ 죠(zyo)
にゃ 냐(nya)	にゅ 뉴(nyu)	にょ 뇨(nyo)			
ひゃ 햐(hya)	ひゅ 휴(hyu)	ひょ 효(hyo)	びゃ 뱌(bya)	びゅ 뷰(byu)	びょ 뵤(byo)
			ぴゃ 퍄(pya)	ぴゅ 퓨(pyu)	ぴょ 표(pyo)
みゃ 먀(mya)	みゅ 뮤(myu)	みょ 묘(myo)	りゃ 랴(rya)	りゅ 류(ryu)	りょ 료(ryo)

- おきゃく(客) 손님
- しゅみ(趣味) 취미
- おちゃ(茶) (마시는) 차
- ひゃく(百) 백(100)
- りょきゃく(旅客) 여객

- ぎゃく(逆) 역, 반대
- じゃま(邪魔) 방해
- にょらい(如来) 여래(부처의 다른 말)
- みゃく(脈) 맥

「つ」를 정상 크기의 반 만하게(っ) 표기하여, 우리말의 받침 소리처럼 발음하는 규칙입니다. 크게 'ㄱ, ㅂ, ㅅ'의 세 가지 받침으로 구분됩니다.

Track 19

1. 'ㄱ' 받침이 되는 경우

촉음(っ) 뒤에 か행(か, き, く, け, こ)의 글자가 올 때.

- いっかい[이ㄱ까이] 일 층
- がっき[가ㄱ끼] 악기
- はっけん[하ㄱ껜] 발견
- いっこ[이ㄱ꼬] 한 개

2. 'ㅂ' 받침이 되는 경우

촉음(っ) 뒤에 ぱ행(ぱ, ぴ, ぷ, ぺ, ぽ)의 글자가 올 때.

- いっぱい[이ㅂ빠이] 가득
- いっぴき[이ㅂ삐끼] 한 마리
- きっぷ[기ㅂ뿌] 표
- しっぽ[시ㅂ뽀] 꼬리

3. 'ㅅ' 받침이 되는 경우

촉음(っ) 뒤에 さ행(さ, し, す, せ, そ), た행(た, ち, つ, て, と)의 글자가 올 때.

- いっさい[이ㅅ사이] 한 살
- ざっし[자ㅅ시] 잡지
- けっせき[게ㅅ세끼] 결석
- さっそく[사ㅅ소꾸] 즉시
- きって[기ㅅ떼] 우표
- おっと[오ㅅ또] 남편

03 | 발음 [撥音] - ん

「ん」을 우리말의 받침처럼 발음하는 규칙입니다. 크게 'ㄴ, ㅁ, ㅇ'의 세 가지 받침으로 구분됩니다.

Track 20

1. 'ㄴ' 받침이 되는 경우

발음(ん) 뒤에 「さ행, ざ행, た행, だ행, な행, ら행」의 글자가 올 때.

- しんせつ[시ㄴ세쯔] 친절
- あんぜん[아ㄴ젠] 안전
- せんたく[세ㄴ따꾸] 세탁
- もんだい[모ㄴ다이] 문제
- あんない[아ㄴ나이] 안내
- れんらく[레ㄴ라꾸] 연락

2. 'ㅁ' 받침이 되는 경우

발음(ん) 뒤에 「ま행, ば행, ぱ행」의 글자가 올 때.

- けんぶつ[게ㅁ부쯔] 구경
- しんぱい[시ㅁ빠이] 걱정
- えんぴつ[에ㅁ삐쯔] 연필

3. 'ㅇ' 받침이 되는 경우

발음(ん) 뒤에 「あ행, か행, が행, や행, わ행」의 글자가 올 때나 ん이 단어의 맨 뒤에 올 때.

- れんあい[레ㅇ아이] 연애
- ぎんこう[기ㅇ꼬~] 은행
- おんがく[오ㅇ가꾸] 음악
- ほんや[호ㅇ야] 서점
- でんわ[데ㅇ와] 전화
- ほん[홍] 책

어떤 특정한 글자를 길게 끌어 발음하는 규칙을 말합니다.

Track 21

1 'あ단'의 글자 뒤에 오는 모음 「あ」를 길게 끌어 발음한다.

- おか**あ**さん[오까~상] 어머니
- おば**あ**さん[오바~상] 할머니

2 'い단'의 글자 뒤에 오는 모음 「い」를 길게 끌어 발음한다.

- お**にい**さん[오니~상] 형, 오빠
- お**じい**さん[오지~상] 할아버지

3 'う단'의 글자 뒤에 오는 모음 「う」를 길게 끌어 발음한다.

- く**う**き[구~끼] 공기
- す**う**がく[스~가꾸] 수학
- ふ**う**せん[후~센] 풍선

4 'え단'의 글자 뒤에 오는 모음 「え」와 「い」를 길게 끌어 발음한다.

- おね**え**さん[오네~상] 언니, 누나
- せん**せい**[센세~] 선생님 센세이(×)
- **えい**が [에~가] 영화 에이가(×)

5 'お단'의 글자 뒤에 오는 모음 「お」와 「う」를 길게 끌어 발음한다.

- と**お**り[도~리] 길
- お**とう**と[오또~또] 남동생 오또우또(×)
- お**とう**さん[오또~상] 아버지 오또우상(×)

★ 발음 비교 연습 ★

- おばさん 아주머니(고모, 이모)　　おばあさん 할머니
- おじさん 아저씨(삼촌)　　おじいさん 할아버지
- ゆき 눈(雪)　　ゆうき 용기
- めし 밥　　めいし 명함
- おい 조카　　おおい 많다

인사말

おはようございます。

아침에 하는 인사말. 윗사람이나 아랫사람을 가리지 않고 사용한다. よう는 장음으로 발음.

おはよう。

아침에 하는 인사말. 친구 또는 동료끼리 하거나 손윗사람이 손아랫사람에게 인사할 때 쓴다.

＊ 위 두 인사말은 12시 정도까지 할 수 있는데, 그 날 하루 중에서 처음 만나는 사람에게 할 수 있다. 그리고 아침에 일어나서 식구들과 인사할 때도 이 인사말을 쓴다.

こんにちは。

이 인사말은 주로 낮에 사용한다. 즉 아침 인사를 모두 끝낸 시점부터 해가 질 무렵까지 하는 인사말이라고 이해하면 된다. 더 정중한 표현은 없으므로, 손윗사람에게나 손아랫사람에게나 똑같은 인사말을 사용한다. ん은 'ㄴ'받침으로 발음.

＊ 여기에서 주의할 것은 こんにちは의 は는 '하'라고 발음하지 않고 '와'라고 발음해야 한다는 점이다. 위의 おはよう에서는 '하'라고 발음된 것도 함께 참고하자.

こんばんは。

이 인사말은 해가 지고 난 후에 하는 인사말이다. 더 정중한 표현은 없으므로, 손윗사람이나 손아랫사람에게 모두 쓸 수 있다. は를 '하'라고 발음하지 않고 '와'라고 발음해야 하는 것은 낮 인사의 경우와 똑같다.
첫번째 ん은 'ㅁ'받침으로 발음. 두번째 ん은 'ㅇ'받침으로 발음.

おやすみなさい。

자기 전에 '안녕히 주무세요'라고 할 때 쓰는 인사말. 윗사람이나 아랫사람을 가리지 않고 사용한다.

おやすみ。

상대가 손아랫사람이나 같은 또래일 때는 친근하게 이렇게 인사한다.

ありがとうございます。

'고맙습니다'란 뜻. とう는 장음으로 발음.
상대가 손아랫사람이거나 같은 또래일 때는 ありがとう라고만 인사해도 된다. 아주 친한 사이에 ありがとうございます라고 하면 너무 거리감이 느껴진다.

どういたしまして。

'뭘요, 천만에요', '별 말씀을요'의 뜻. 윗사람이나 아랫사람을 가리지 않고 사용한다. どう는 장음으로 발음.

どうも、すみません。

'정말 미안합니다.'라는 뜻.
どうも는 '정말, 참으로' 정도의 뜻. すみません은 '미안합니다'란 뜻으로 가장 많이 쓰이지만, 경우에 따라서는 '실례합니다', '감사합니다'란 뜻으로도 쓰인다. どう는 장음으로 발음.

だいじょうぶです。

'괜찮습니다'라는 뜻. 남이 무슨 잘못을 해서 나에게 위와 같이 사과해 온 경우, '괜찮다'고 대답할 때 쓰는 인사말이다.
じょう는 장음으로 발음.

いただきます。

음식을 먹기 전에 '잘 먹겠습니다' 하고 인사하는 표현. 가정이나 식당 등 어떤 곳에서건 음식을 먹기 전에 습관적으로 하는 인사말이다. 윗사람이나 아랫사람을 가리지 않고 사용한다.

どうぞ。

'어서 드세요', '어서 먹거라'라는 뜻으로 하는 인사말. 윗사람이나 아랫사람을 가리지 않고 사용한다. どう는 장음으로 발음.

ごちそうさまでした。

음식을 다 먹고 난 후에 하는 인사말이다. 만약 내가 손님에게 음식을 대접한 경우라면 おそまつさまでした라고 대답해 주면 된다. '대접이 변변치 않았습니다'라는 뜻. そう는 장음으로 발음.

09

いってきます。

아침에 학교에 갈 때나 회사에 갈 때 또는 외출할 때 집에 있는 사람에게 하는 인사말이다. 또한 학교나 회사에서 심부름을 다녀와야 하거나 외근을 나가야 하는 상황에서도 나갈 때 이 인사말을 쓰면 된다. 아주 정중하게 말해야 하는 상황이라면 いってまいります라고도 한다. いって의 っ는 'ㅅ' 받침으로 발음.

いってらっしゃい。

'잘 다녀오너라', '잘 다녀오세요'의 뜻으로 쓰이는 인사말. 손윗사람, 손아랫사람에게 모두 쓸 수 있다. らっしゃい의 っ는 'ㅅ' 받침으로 발음.

10

ただいま。

밖에서 집에 돌아왔을 때 하는 인사말. 회사에서 외근 나갔다가 들어올 때도 이 인사말을 쓴다.

おかえりなさい。

밖에 나갔다가 돌아오는 사람에게 하는 인사말. '잘 다녀오셨어요', '잘 다녀왔니' 등의 뜻으로 쓰이는 말이다. 손아랫사람에게 친근하게 말하고 싶을 때는 おかえり까지만 말해도 된다.

11

じゃあね！

'그럼 잘 가', '그럼 또 봐'라는 뜻의 인사말.

またね！

'또 봐', '또 만나'라는 뜻의 인사말.
이 밖에 헤어질 때 하는 인사말
では、また(그럼 또 봐!)
バイバイ！(주로 어린이들 사이에 쓴다)
きをつけてね(조심해서 가!)
さようなら(안녕!) : 오랫동안 헤어지게 될 때에 쓰는 인사말.

12

おさきにしつれいします。

업무 시간이 끝나고 퇴근할 때나 모임에서 먼저 자리를 떠야 할 경우에 남아 있는 사람들에게 하는 인사말. 뜻은 '먼저 실례하겠습니다.' れい는 장음으로 발음.

おつかれさまでした。

하루 종일 일하느라 고생했다는 뜻으로 퇴근하는 사람에게 하는 인사말. 손아랫사람에게 친근하게 말할 때는 ごくろうさん 또는 おつかれ까지만 말하는 경우도 있다.

첫걸음편
명사

이제부터 본격적인 일본어 회화에 들어가게 된다. 말 중에서 가장 간단한 말은 명사를 이용해서 하는 말이다. 여기에서는 가장 간단한 회화를 시작으로 숫자, 시간, 날짜, 가격 등을 이용한 실생활 회화가 소개되므로, CD와 함께 들으면서 회화를 내 것으로 만들자.

01

명사⑴
긍정문

わたし 나, 저(일인칭)
かれ 그, 그 사람
～です ～입니다
かんこくじん 한국인
ともだち 친구
～の ～인
よしだ 요시다(일본인의 성〈姓〉)
こうはい 후배
たなか 다나카(일본인의 성〈姓〉)
どうぞ 부디, 아무쪼록
よろしく 잘
おねがいします 부탁합니다
～こそ ～(이)야말로

01 | **A(명사)は B(명사)です。**
A는 B입니다.

> **참고** は는 '～은, ～는'이라는 뜻으로 쓰일 때는 '하'라고 읽지 않고 '와'라고 읽는다.

ex

わたし		イミンホ	
와 따 시	**は**		**です。**
かれ	와	かんこくじん	데스
가래		강 ~ 꼬꾸진 ~	

저 는 이민호 입니다.
그 한국인

02 | **Aは Bの Cです。**
A는 B인 C입니다.

> **참고** の는 「BのC」의 형태로, 'B인 C', 즉 동격을 나타낸다.

ex

こちら	は	ともだち	の	よしだ	です。
고 찌 라	와	도 모 다 찌	노	요 시 다	데 스
		こうはい		たなか	
		고~ 하 이		다 나 카	

이쪽 은 친구 인 요시다 입니다.
후배 다나카

こちら는 '이쪽'이라는 본래의 뜻과 더불어 자기를 가리키거나 자기 쪽에 있는 사람을 가리키며 '나, 저, 이 사람, 이 분'의 뜻으로도 쓰인다.

이런 표현도 알아두자!

はじめまして。 처음 뵙겠습니다.
하 지 메 마 시 떼

どうぞ よろしく おねがいします。 부디 잘 부탁합니다.
도~ 조 요로시꾸 오네가이시마스

こちらこそ。 저야말로.
고 찌 라 꼬 소

よしだ： たなかさん、こんにちは。
다 나 카 상~　　곤~ 니 찌 와

たなか： あ、よしださん、こんにちは。
아　요 시 다 상~　　곤~ 니 찌 와

よしだ： こちらは　ともだちの　すずきさんです。
고 찌 라 와　도 모 다 찌 노　스 즈 키 산~ 데 스

たなか： はじめまして。たなかです。
하 지 메 마 시 떼　다 나 카 데 스

どうぞ　よろしく　おねがいします。
도 ~ 조　요 로 시 꾸　오 네 가 이 시 마 스

すずき： はじめまして。すずきです。
하 지 메 마 시 떼　스 즈 키 데 스

こちらこそ　どうぞ　よろしく。
고 찌 라 꼬 소　도 ~ 조　요 로 시 꾸

요시다 : 다나카 씨, 안녕하세요!
다나카 : 아, 요시다 씨, 안녕하세요!
요시다 : 이쪽은 친구인 스즈키 씨입니다.
다나카 : 처음 뵙겠습니다. 다나카입니다. 잘 부탁합니다.
스즈키 : 처음 뵙겠습니다. 스즈키입니다. 저야말로 잘 부탁합니다.

~さん ~씨, ~님
こんにちは 안녕하세요(낮 인사)
あ 아!(감탄사)
こちら 이쪽, 이 사람, 이 분
すずき 스즈키(일본인의 성〈姓〉)

 알아 둡시다.

さん

1. 이름이나 직업 뒤에 붙여 친밀감이나 가벼운 존경을 나타내는 말이다.

   ex やまださん : 야마다 씨　おいしゃさん : 의사　おじょうさん : 따님

2. 손아랫사람, 같은 나이, 손윗사람에게 모두 붙여 쓸 수 있다. 단, 직책이 있는 직장 상사는 직책만 부른다.

   ex かちょう : 과장님　ぶちょう : 부장님　しゃちょう : 사장님

3. 우리말의 '~씨'와 차이가 있으므로, さん 자체의 뉘앙스를 이해해야 한다.

02

명사(2)

의문문과 부정문

이 과의 내용은 이전까지의 내용을 모두 안다는 가정 하에 만들어졌습니다. 모르는 내용이 있을 때에는 이전의 내용을 참고로 복습하시기 바랍니다.

スミス 스미스(名)
アメリカ 아메리카(미국)
〜じん 〜인(人)
イギリス 잉글리시(영국)

03 | A(명사)は B(명사)ですか。

A는 B입니까?

참고 か는 문장의 맨끝에 붙어 의문문을 만든다.

ex

スミスさん	は	アメリカじん	ですか。
스미스상	와	아메리카진~	데스 까
		イギリスじん	
		이기리스진~	

스미스 씨는 미국인   입니까?
　　　　　영국인

04 | A(명사)は B(명사)ではありません。

A는 B가 아닙니다.

ex

わたし	は	アメリカじん	ではありません。
와따시	와	아메리카진~	데와아리마생~
		イギリスじん	
		이기리스진~	

저 는 미국인 이아닙니다.
　　　 영국인

이런 표현도 알아두자!

そうです。 그렇습니다.
소 ~ 데 스

そうですか。 그렇습니까?
소 ~ 데 스 까

はい。 예.
하 이

いいえ。 아니요
이 ~ 에

すずき： ケイトさんは　アメリカじんです。
케 이 토 상~ 와　아 메 리 카 진~ 데 스

たなか： そうですか。
소 ~ 데 스 까

スミスさんも　アメリカじんですか。
스 미 스 삼~ 모　아 메 리 카 진~ 데 스 까

スミス： いいえ、アメリカじんではありません。
이 ~ 에　아 메 리 카 진~ 데 와 아 리 마 셍~

イギリスじんです。
이 기 리 스 진~ 데 스

ケイト： すずきさんは　かいしゃいんですか。
스 즈 키 상~ 와　가 이 샤　인~ 데 스 까

すずき： はい、そうです。
하 이　소 ~ 데 스

スミス： たなかさんも　かいしゃいんですか。
다 나 카 삼~ 모　가 이 샤　인~ 데 스 까

たなか： いいえ、わたしは　まだ　がくせいです。
이 ~ 에　와 따 시 와　마 다　각 세 ~ 데 스

스즈키 : 케이트 씨는 미국인입니다.
다나카 : 그러시군요. 스미스 씨도 미국인입니까?
스미스 : 아니요, 미국인이 아닙니다. 영국인입니다.
케이트 : 스즈키 씨는 회사원입니까?
스즈키 : 예, 그렇습니다.
스미스 : 다나카 씨도 회사원입니까?
다나카 : 아니요, 저는 아직 학생입니다.

ケイト 케이트(名)
～も ～도
いいえ 아니요
かいしゃいん 회사원
はい 예
まだ 아직
がくせい 학생(발음할 때는 '가꾸세-'
가 아니라 '각세-'라고 발음한다. 〈발음은
CD를 잘 들어 보자〉)

알아두면 좋은 단어들

나라 이름

かんこく 한국 にほん 일본 ちゅうごく 중국 ロシア 러시아 ドイツ 독일
カナダ 캐나다 フランス 프랑스 イタリア 이탈리아 メキシコ 멕시코
アメリカ 미국 オーストラリア 호주

직업 이름

がくせい 학생 せんせい 선생님 きょうじゅ 교수 かいしゃいん 회사원
けいさつかん 경찰관 うんてんしゅ 운전수 かんごふ 간호사 いしゃ 의사
てんいん 점원 ぎんこういん 은행원 スチュワーデス 스튜어디스
パイロット 파일럿 ピアニスト 피아니스트

03

명사(3)
지시대명사

이 과의 내용은 이전까지의 내용을 모두 안다는 가정 하에 만들어졌습니다. 모르는 내용이 있을 때에는 이전의 내용을 참고로 복습하시기 바랍니다.

05 | 지시대명사

これ/それ/あれ/どれ 이것/그것/저것/어느 것
この/その/あの/どの 이/그/저/어느

'이 시계', '저 가방'처럼 직접 그 물건의 이름을 말하지 않고 '이것, 저것' 식으로 말하는 경우가 있는데, 이를 대명사라고 한다. 즉 그 명사를 대신해 부른다는 뜻이다. 여러 가지 지시대명사를 살펴보자.

	こ(이)	そ(그)	あ(저)	ど(어느)
물건	これ 이것	それ 그것	あれ 저것	どれ 어느 것
방향	こちら[=こっち] 이쪽	そちら[=そっち] 그쪽	あちら[=あっち] 저쪽	どちら[=どっち] 어느쪽
장소	ここ 여기	そこ 거기	あそこ 저기	どこ 어디
지시	この 이	その 그	あの 저	どの 어느
방법	こんな 이러한 こう[=こんなに] 이렇게	そんな 그러한 そう[=そんなに] 그렇게	あんな 저러한 ああ[=あんなに] 저렇게	どんな 어떠한 どう[=どんなに] 어떻게

ex この　カバン 이 가방
その　ボールペン 그 볼펜
あの　ノート 저 노트
どの　カメラ 어느 카메라

06 | 인칭대명사

사람의 이름이나 직업을 대신해서 부르는 말. 다음의 인칭대명사를 익혀 두자.

1인칭	私 [와따시]나, 저	僕 [보꾸]나(남성 전용어)	おれ 나(남성 전용어)
2인칭	あなた 당신	君 [기미]너(남성 전용어)	おまえ 너(남성 전용어)
3인칭	彼 [가레]그	彼女 [가노조]그녀	
부정칭	誰 [다레]누구	どなた 누구, 어느 분	

たなか： これは　だれの　かさですか。
고 레 와　다 레 노　가 사 데 스 까

よしだ： それは　すずきさんの　かさです。
소 레 와　스 즈 키 산~ 노　가 사 데 스

たなか： これは　だれのですか。
고 레 와　다 레 노 데 스 까

よしだ： それも　すずきさんのです。
소 레 모　스 즈 키 산~ 노 데 스

たなか： わたしのは　どれですか。
와 따 시 노 와　도 레 데 스 까

よしだ： たなかさんのは　あれです。
다 나 카 산~ 노 와　아 레 데 스

たなか： では、それは　なんですか。
데 와　소 레 와　난~ 데 스 까

よしだ： これは　MP3です。
고 레 와　　　데 스

다나카 : 이것은 누구의 우산입니까?
요시다 : 그것은 스즈키 씨의 우산입니다.
다나카 : 이것은 누구의 것입니까?
요시다 : 그것도 스즈키 씨의 것입니다.
다나카 : 제 것은 어느 것이죠?
요시다 : 다나카 씨 것은 저것입니다.
다나카 : 그럼, 그것은 무엇입니까?
요시다 : 이것은 MP3입니다.

だれ 누구
〜の 〜의
かさ 우산
〜の 〜의 것
なん 무엇

 주의하세요!

우리말에서는 명사와 명사 사이에 '〜의'를 넣지 않고 말해도 되는 경우가 있지만, 일본어에서는 명사와 명사 사이의 の를 생략하지 않는다.

우리말 : 일본어(의) 선생님, 후배(인) 다나카 ('〜의'를 생략할 수 있다.)

일본어 : にほんご の せんせい, こうはい の たなか (の를 생략할 수 없다.)

시간, 날짜, 생년월일, 사물의 갯수세기 등 숫자가 없는 일상생활은 상상할 수가 없다. 그만큼 숫자는 인간 생활에 필수 요소이다. 따라서 입문 학습 과정에서 숫자는 필수 사항임을 밝혀둔다.

> 1(いち)　2(に)　3(さん)　4(し/よん/よ)　5(ご)
> 6(ろく)　7(しち/なな)　8(はち)　9(きゅう/く)　10(じゅう)

'4, 7, 9'는 읽기가 두 가지 이상인 점에 주의하자.

1부터 10까지 열 개의 숫자만 알면 99까지 셀 수 있다. 그 방법은 다음과 같다.

11(じゅういち) = 10(じゅう) + 1(いち)
12(じゅうに) = 10(じゅう) + 2(に)
13(じゅうさん) = 10(じゅう) + 3(さん)
20(にじゅう) = 2(に) + 10(じゅう)
30(さんじゅう) = 3(さん) + 10(じゅう)
40(よんじゅう) = 4(よん) + 10(じゅう)
99(きゅうじゅうきゅう) = 9(きゅう) + 10(じゅう) + 9(きゅう)

이런 식으로 조합을 하면, 여기에서 100(백)이라는 숫자를 알면 999까지, 1,000(천)이라는 숫자를 알면 9,999까지, 10,000(만)이라는 숫자를 알면 99,999까지, '억'이라는 숫자를 알면 999,999,999,999까지 셀 수 있게 된다.

100(ひゃく) : 백　1,000(せん) : 천　10,000(まん) : 만　100,000,000(おく) : 억

'몇 시'를 말할 때는 숫자 뒤에 '時(じ)'만 붙이면 된다.

> 1時(いちじ)　2時(にじ)　3時(さんじ)　4時(よじ)　5時(ごじ)
> 6時(ろくじ)　7時(しちじ)　8時(はちじ)　9時(くじ)　10時(じゅうじ)
> 11時(じゅういちじ)　12時(じゅうにじ)　24時(にじゅうよじ)
> 何時(なんじ) 몇 시

'몇 분'을 말할 때는 숫자 뒤에 '分(ふん)'을 붙이면 되는데, '분'을 말할 때는 발음에 약간의 변화가 일어난다. 어쩔 수 없이 외워야 하는 부분이므로, 귀찮더라도 꼭 외워 두기 바란다. 참고로 CD의 발음을 들으면서 소리에 먼저 익숙해지면 외우기가 편해진다.

1分(いっぷん), 2分(にふん), 3分(さんぷん), 4分(よんぷん), 5分(ごふん), 6分(ろっぷん)
7分(ななふん), 8分(はっぷん), 9分(きゅうふん), 10分(じゅっぷん), 11分(じゅういっぷん)
12分(じゅうにふん), 13分(じゅうさんぷん), 14分(じゅうよんぷん), 15分(じゅうごふん)
20分(にじゅっぷん), 30分(さんじゅっぷん), 59分(ごじゅうきゅうふん)

04
숫자

지금까지의 학습에서는 한자를 사용하지 않았다. 그것은 우선 히라가나와 가타카나에 익숙해지는 데에 도움을 주기 위함은 물론, 촉음, 요음, 장음 등의 발음 규칙을 점검해 보자는 차원에서 의도적으로 이루어진 것이다.
이제는 이런 부분들의 점검이 어느 정도 마무리되었을 것으로 보고, 한자를 함께 표기하도록 한다. 만약 히라가나, 가타카나, 여러 발음 규칙들을 정확하게 익히지 못했거나 이해하지 못한 부분이 있다면, 그런 것들을 충분히 숙지한 후에 다음 학습으로 진행하기 바란다.
앞으로 표기될 한자에는 각 한자의 위에 히라가나를 적어 그 읽는 법을 알 수 있도록 하겠다.

吉田：田中さん、お昼 いっしょに どうですか。もう 12時です。
다 나카 상, 오 히루 잇~ 쇼 니 도~ 데스까 모~ 쥬~니지 데스

田中：あら、もう 12時ですか。はい！
아 라, 모~ 쥬~니지 데스까 하이

吉田：午後は バイトでしょう。
고 고 와 바이또데 쇼~

田中：ええ、そうです。3時からです。
에~, 소~ 데스. 산~지 까 라 데스

吉田：何時までですか。
난~지 마데 데스까

田中：7時30分までです。
시찌 지 산줌~뿐~마 데 데스

吉田：バイトは 毎日ですか。
바 이 또 와 마이니찌 데 스 까

田中：いえ、明日は 休みです。
이 에, 아시따 와 야스미 데 스

요시다 : 다나카 씨, 점심 같이 어떠세요? 벌써 12시예요.
다나카 : 어머, 벌써 12시예요? 예!
요시다 : 오후에는 아르바이트죠?
다나카 : 예, 그래요. 3시부터예요.
요시다 : 몇 시까지죠?
다나카 : 7시 30분까지요.
요시다 : 아르바이트는 매일 가나요?
다나카 : 아뇨, 내일은 휴일이에요.

어구

お昼(ひる) 점심(식사)
いっしょに 함께, 같이
どうですか 어떻습니까?
もう 벌써, 이미
あら 어머!(여성이 놀랄 때 내는 감탄사)
午後(ごご) 오후
バイト 아르바이트(アルバイト의 준말)
～でしょう ～이죠, ～이겠죠(불확실한 사실을 확인할 때 사용하는 말)
ええ 예(はい보다 더 친근하게 말할 때 사용)
～から ～부터
～まで ～까지
いえ 아니요(いいえ보다 더 친근하게 말할 때 사용)
毎日(まいにち) 날마다
休(やす)み 휴일, 휴가

～から～まで　～부터 ～까지

자주 쓰이는 표현이므로, 잘 익혀 두자.

A：何時から 何時までですか。(몇 시부터 몇 시까지입니까?)
B：5時から 9時までです。(5시부터 9시까지입니다.)

05

명사(4)
과거 표현

이 과의 내용은 이전까지의 내용을 모두 안다는 가정 하에 만들어졌습니다. 모르는 내용이 있을 때에는 이전의 내용을 참고로 복습하시기 바랍니다.

休(やす)み 휴일, 휴가
月曜日(げつようび) 월요일
昨日(きのう) 어제

07 | A(명사)は B(명사)でした。 / でしたか。

A는 B였습니다. / B였습니까?

参고 でした는 です(~입니다)에 과거를 나타내는 た가 붙어서 만들어진 것이다. 곧 た는 과거 표현을 만드는 데에 쓰이는 말이다.

ex 休(やす)み　は　月曜日(げつようび)　でした。
　　　　　　　　　昨日(きのう)　　でしたか。

휴일 은　월요일　이었습니다.
　　　　어제　　이었습니까?

08 | A(명사)は B(명사)ではありませんでした(か)。

A는 B가 아니었습니다. (아니었습니까?)

参고 문장 끝에 か가 있으면 의문문이 된다.

ex 昨日(きのう)　は　月曜日(げつようび)　ではありませんでした。
　　　　　　　　　　　　　　　　ではありませんでしたか。

어제 는　월요일　이아니었습니다.
　　　　　　　이아니었습니까?

이런 표현도 알아두자!

から　~이니까, ~이기 때문에

今日(きょう)は 土曜日(どようび)ですから、 明日(あした)は 日曜日(にちようび)です。

(오늘은 토요일이니까, 내일은 일요일입니다.)

'~부터, ~에서'라는 뜻의 から와 혼동하지 않도록 해야 한다.

よ 적절한 해석어가 없다

문장 끝에 붙어서 상대방이 모르는 사실을 알려 준다는 느낌을 준다.

Track 32

田中： 吉田さん、レポートの 準備ですか。
요시다 상~, 레뽀~또노 쥼~비데스까?

吉田： はい。これ、明日までですから。
하이. 고레, 아시따마데데스까라.

田中： ところで、作文のレポートはいつまででしたか。
도꼬로데, 사꾸분~노레뽀~또와이쯔마데데시따까?

吉田： あ、それは 水曜日まででした。
아, 소레와 스이요~비마데데시따.

田中： へえ、金曜日までではありませんでしたか。
헤~, 킹~요~비마데데와아리마센데시따까?

吉田： 金曜日までのは 文学史の レポートですよ。
킹~요~비마데노와 붕~가꾸시노 레뽀~또데스요.

田中： ああ、大変！
아~, 다이헨~!

다나카 : 요시다 씨, 리포트 준비하세요?
요시다 : 예. 이거 내일까지거든요.
다나카 : 그런데 작문 리포트는 언제까지였죠?
요시다 : 아, 그건 수요일까지였습니다.
다나카 : 어머! 금요일까지가 아니었나요?
요시다 : 금요일까지의 것은 문학사 리포트예요.
다나카 : 앳 큰일났다!

레포ート 리포트
準備(じゅんび) 준비
明日(あした) 내일
〜まで 〜까지
〜から 〜이기 때문에(이유·원인)
ところで 그런데
作文(さくぶん) 작문
いつ 언제
へえ 어머(놀람, 의아, 어이없음을 나타내는 감탄사)
金曜日(きんようび) 금요일
文学史(ぶんがくし) 문학사
ああ 놀람, 기쁨, 감탄 등을 나타내는 감탄사
大変(たいへん) (단독으로 쓰여서) '큰일났다!', '어떡하지!' 등의 뜻

알아두면 좋은 단어들

요일 말하기

月曜日(げつようび) 월요일	**火曜日**(かようび) 화요일	**水曜日**(すいようび) 수요일
木曜日(もくようび) 목요일	**金曜日**(きんようび) 금요일	**土曜日**(どようび) 토요일
日曜日(にちようび) 일요일		

날짜 말하기

년·월·일 말하기를 익혀 보자.

Track 33

いちねん 1年	に ねん 2年	さんねん 3年	よ ねん 4年	ご ねん 5年	ろくねん 6年	しちねん 7年
1년	2년	3년	4년	5년	6년	7년
はちねん 8年	きゅうねん 9年	じゅうねん 10年	なんねん 何年			
8년	9년	10년	몇 년			

いちがつ 1月	に がつ 2月	さんがつ 3月	し がつ 4月	ご がつ 5月	ろくがつ 6月	しちがつ 7月
1월	2월	3월	4월	5월	6월	7월
はちがつ 8月	く がつ 9月	じゅう がつ 10月	じゅういちがつ 11月	じゅうにがつ 12月	なんがつ 何月	
8월	9월	10월	11월	12월	몇 월	

げつようび 月曜日	か ようび 火曜日	すいようび 水曜日	もくようび 木曜日	きんようび 金曜日	ど ようび 土曜日	にちようび 日曜日
월요일	화요일	수요일	목요일	금요일	토요일	일요일
ついたち 1日	ふつか 2日	みっか 3日	よっか 4日	いつか 5日	むいか 6日	なのか 7日
1일	2일	3일	4일	5일	6일	7일
ようか 8日	ここのか 9日	とおか 10日	じゅういち にち 11日	じゅうに にち 12日	じゅうさん にち 13日	じゅう よっか 14日
8일	9일	10일	11일	12일	13일	14일
じゅうご にち 15日	じゅうろく にち 16日	じゅうしち にち 17日	じゅうはち にち 18日	じゅうく にち 19日	はつか 20日	にじゅういちにち 21日
15일	16일	17일	18일	19일	20일	21일
にじゅうににち 22日	にじゅうさんにち 23日	にじゅうよっか 24日	にじゅうごにち 25日	にじゅうろくにち 26日	にじゅうしちにち 27日	にじゅうはちにち 28日
22일	23일	24일	25일	26일	27일	28일
にじゅうくにち 29日	さんじゅうにち 30日	さんじゅういちにち 31日	なんにち 何日			
29일	30일	31일	며칠			

1일부터 10일, 14일, 20일, 24일의 읽기에 주의!

때를 나타내는 말

Track 34

おととし 一昨年 재작년	きょねん 去年 작년	ことし 今年 올해	らいねん 来年 내년	らいねん さ来年 내후년
せんせんしゅう 先先週 지지난주	せんしゅう 先週 지난 주	こんしゅう 今週 이번 주	らいしゅう 来週 다음 주	らいしゅう さ来週 다음다음 주
おととい 一昨日 그저께	きのう 昨日 어제	きょう 今日 오늘	あした 明日 내일	あさって 明後日 모레

첫걸음편
형용사

명사편을 통해서 일본어의 구조가 대충 어떻게 생겼는지 알았을 것이다. 이제는 명사를 수식해 주는 형용사가 덧붙는 회화들을 익히게 된다. 즉 말들이 조금씩 복잡해진다는 뜻이다. 그만큼 보람도 있을 것이다. CD를 반복해서 듣고 따라 하는 공부는 빠뜨리면 안 된다.

형용사

　형용사란 사람이나 사물의 형태 및 성질 등을 나타내는 말이다. 우리말의 '동그랗다, 네모나다, 춥다, 덥다, 시원하다, 부끄럽다, 아름답다, 가깝다, 멀다, 싸다, 비싸다, 가볍다, 무겁다' 등이 형용사에 속한다.

　우리말 형용사를 보면 사전에서 찾을 때는 항상 이런 형태로 찾아야 하는데, 그 형태를 기본형이라고 한다. 그리고 일본어 형용사의 기본형('사전형'이라고도 한다)은 ～い로 끝난다. 그리고 마지막 글자 い를 '형용사의 어미'라고 한다. 다음에 나열되어 있는 일본어 형용사의 기본형(사전형)과 그 활용 예문을 보자. 다음의 형용사들은 모두 기본적인 단어들이므로, 우선은 이해에 주력하고 나중에 복습하면서 꼭 외워 두도록 하자.

青（あお）い 파랗다	空（そら）は 青（あお）い。	(하늘은 파랗다.)
赤（あか）い 빨갛다	りんごは 赤（あか）い。	(사과는 빨갛다.)
黒（くろ）い 검다	瞳（ひとみ）は 黒（くろ）い。	(눈동자는 검다.)
白（しろ）い 희다	雲（くも）は 白（しろ）い。	(구름은 희다.)
高（たか）い 비싸다	ダイヤモンドは 高（たか）い。	(다이아몬드는 비싸다.)
安（やす）い 싸다	イミテーションは 安（やす）い。	(이미테이션〈모조품〉은 싸다.)
暑（あつ）い 덥다	夏（なつ）は 暑（あつ）い。	(여름은 덥다.)
寒（さむ）い 춥다	冬（ふゆ）は 寒（さむ）い。	(겨울은 춥다.)
遠（とお）い 멀다	アメリカは 遠（とお）い。	(미국은 멀다.)
近（ちか）い 가깝다	日本（にほん）は 近（ちか）い。	(일본은 가깝다.)
強（つよ）い 세다	大人（おとな）の力（ちから）は 強（つよ）い。	(어른의 힘은 세다.)
弱（よわ）い 약하다	赤（あか）ちゃんの力（ちから）は 弱（よわ）い。	(아기의 힘은 약하다.)
高（たか）い 높다	山（やま）は 高（たか）い。	(산은 높다.) '비싸다'와 같은 단어를 쓴다.
低（ひく）い 낮다	丘（おか）は 低（ひく）い。	(언덕은 낮다.)
重（おも）い 무겁다	岩（いわ）は 重（おも）い。	(바위는 무겁다.)
軽（かる）い 가볍다	石（いし）は 軽（かる）い。	(돌은 가볍다.)
大（おお）きい 크다	大人（おとな）は 大（おお）きい。	(어른은 크다.)
小（ちい）さい 작다	子供（こども）は 小（ちい）さい。	(어린이는 작다.)
新（あたら）しい 새롭다	この 本（ほん）は 新（あたら）しい。	(이 책은 새롭다, 즉 새 책이다.)
古（ふる）い 낡다	その 本（ほん）は 古（ふる）い。	(그 책은 낡다. 즉 헌 책이다.)

冷たい 차갑다　　氷は 冷たい。(얼음은 차갑다.)

熱い 뜨겁다　　火は 熱い。(불은 뜨겁다.) '덥다'와 발음은 같고 한자는 다르다.

暖かい 따뜻하다　　春は 暖かい。(봄은 따뜻하다.)

涼しい 서늘하다　　秋は 涼しい。(가을은 서늘하다.)

明るい 밝다　　昼は 明るい。(낮은 밝다.)

暗い 어둡다　　夜は 暗い。(밤은 어둡다.)

형용사가 명사를 수식할 때

'하늘은 파랗다'를 '하늘'을 뒤로 보내고 '파랗다'를 앞으로 놓으면 어떻게 될까? '파란 하늘'이 된다. 그렇다면 '파랗다'라는 기본형(사전형)이 '파란'으로 바뀐 꼴이 된다. 일본어는 어떻게 될까? 바뀌지 않는다. 다음 예들을 보자.

青い 空。(파란 하늘.)

赤い りんご。(빨간 사과.)

黒い 瞳。(검은 눈동자.)

白い 雲。(흰 구름.)

高い ダイヤモンド。(비싼 다이아몬드.)

安い イミテーション。(값싼 이미테이션〈모조품〉.)

暑い 夏。(더운 여름.)

寒い 冬。(추운 겨울.)

遠い アメリカ。(먼 미국.)

近い 日本。(가까운 일본.)

強い 力。(센 힘.)

弱い 力。(약한 힘.)

高い 山。(높은 산.)

低い 丘。(낮은 언덕.)

重い 岩。(무거운 바위.)

軽い 石。(가벼운 돌.)

大きい 人。(큰 사람.)

小さい 人。(작은 사람.)

新しい 本。(새로운 책.)

古い 本。(오래된 책.)

冷たい 氷。(차가운 얼음.)

熱い 火。(뜨거운 불.)

暖かい 春。(따뜻한 봄.)

涼しい 秋。(서늘한 가을.)

明るい 昼。(밝은 낮.)

暗い 夜。(어두운 밤.)

06

형용사(1)
정중 표현

이 과의 내용은 이전까지의 내용을 모두 안다는 가정 하에 만들어졌습니다. 모르는 내용이 있을 때에는 이전의 내용을 참고로 복습하시기 바랍니다.

これ 이것
安(やす)い 값이 싸다(형용사)
あれ 저것
かわいい 귀엽다(형용사)

09 | A(명사)は B(형용사)いです。
A는 B합니다.

참고　형용사의 기본형(~い)에 です를 붙이면 정중한 표현이 된다.

ex　これは　安(やす)いです。　이것은 쌉니다.
　あれは　かわいいです。　저것은 귀엽습니다.

10 | A(형용사)くて B(형용사)いです。
A하고 B합니다

참고　형용사 어미 い를 く로 바꾸고 て를 붙이면 '~하고'의 뜻이 된다.

ex　これは　安(やす)くて　かわいいです。　이것은 값이 싸고 귀엽습니다.
　あれは　かわいくて　いいです。　저것은 귀엽고 좋습니다.

이런 표현도 알아두자!

ね　적절한 해석어가 없다.
문장 끝에 붙여서 나의 생각이 상대방의 생각과 비슷하다는 느낌을 준다.

これは　安いです。이것은 값이 쌉니다.(단순히 자신의 생각을 나타냄)

これは　安いですね。
이것은 값이 싸네요.(상대방도 그렇게 생각할 것이라는 느낌을 내포함)

吉田：田中さん、この　デジカメは　どうですか。

田中：あら、かわいい！　でも　けっこう　高（たか）いですね。

吉田：あ、ほんとうだ。もっと　安（やす）いのは……。

田中：これ、これ。吉田（よしだ）さん、これ、かわいくて　安（やす）いほうですね。

吉田：どれ？　あ、これですか。これなら　いいですね。

田中：これで　決（き）まりですか。

吉田：はい！　あのう、すいません。これ、お願（ねが）いします。

요시다 : 다나카 씨, 이 디카는 어때요?
다나카 : 어머! 귀여워! 그런데 꽤 비싸네요.
요시다 : 어? 정말이네. 더 싼 게…….
다나카 : 이거요, 이거. 요시다 씨, 이거 귀엽고 싼 편이네요.
요시다 : 어느 거요? 아, 이거요? 이거라면 좋네요.
다나카 : 이것으로 결정하는 건가요?
요시다 : 옙! 저어, 여기요! 이거 주세요.

デジカメ 디카('디지털카메라'를 줄여서
쓰는 것처럼 일본도 デジタルカメラ를
줄여서 말한 것)
どうですか 어떻습니까?
あら 어머!
かわいい 귀엽다(형용사)
でも 그런데, 하지만
けっこう 꽤, 매우
高(たか)い 비싸다(형용사)
ほんとう 정말, 참말
～だ (～이)다
もっと 더, 더욱
安(やす)い 싸다(형용사)
の 것
ほう ～쪽, ～편
どれ 어느 것
～なら (～이)라면
いい 좋다(형용사)
これで 이것으로, これ(이것)＋で(～으로)
決(き)まり 결정
あのう 저어(상대의 주위를 끌기 위한 말)
すいません 여기요!(원래는 '미안합니
다'란 뜻인데, 상점이나 가게에서 점원이
나 주인을 부를 때도 사용한다.)
すみません이 변형된 발음.)
お願(ねが)いします 부탁합니다

日本（にほん）は近（ちか）くて遠（とお）い国（くに）です。
일본은 가깝고도 먼 나라입니다.

07

형용사(2)
부정 표현

이 과의 내용은 이전까지의 내용을 모두 안다는 가정 하에 만들어졌습니다. 모르는 내용이 있을 때에는 이전의 내용을 참고로 복습하시기 바랍니다.

おいしい 맛있다(형용사)
おもしろい 재미있다(형용사)

11 | A(명사) は B(형용사) く ないです。
A(명사) は B(형용사) く ありません。
A는 B 하지 않습니다.

형용사 어미 い를 く로 바꾸고 ない를 붙이면 '~하지 않다'의 뜻이 된다.
ない(~않다)에 です를 붙이면 '않습니다'의 뜻이 된다.
ないです(~않습니다)는 ありません과 똑같은 표현이다.

ex
これ は おいし く ない。 이것은 맛있지 않다(맛없다).
これ は おいし く ないです。 이것은 맛있지 않습니다.
これ は おいし く ありません。 이것은 맛있지 않습니다.

12 | A(명사) は B(형용사) く なかったです。
A(명사) は B(형용사) く ありませんでした。
A는 B 하지 않았습니다.

형용사 어미 い를 く로 바꾸고 なかった를 붙이면 '~하지 않았다(과거)'의 뜻이 된다.
なかった(~않았다)에 です를 붙이면 '않았습니다'의 뜻이 된다.
なかったです(~않았습니다)는 ありませんでした와 똑같은 표현이다.

ex
それ は おもしろ く なかった。 그것은 재미있지 않았다(재미없었다).
それ は おもしろ く なかったです。 그것은 재미있지 않았습니다.
それ は おもしろ く ありませんでした。 그것은 재미있지 않았습니다.

13 | A(명사) は B(형용사) かった(です)。
A는 B 했다(했습니다).

형용사 어미 い를 かった로 바꾸면 '~했다(과거)'의 뜻이 된다.
かった(~했다)에 です를 붙이면 '했습니다'의 뜻이 된다. かった에서 た는 과거를 나타내는 말이다. 05과의 '핵심 공식(07)'에서도 설명한 바 있다.

ex
それ は おもしろい。 그것은 재미있다.
それ は おもしろ かった。 그것은 재미있었다.
それ は おもしろ かったです。 그것은 재미있었습니다.

吉田 ： 田中さん、昨日（きのう）のパーティーは 楽（たの）しかったですか。

田中 ： ええ、とても 楽しかったです。

吉田 ： カラオケでは おもしろかったですか。

田中 ： そこでは あまり おもしろくありませんでした。

吉田 ： そうですか。どうしてですか。

田中 ： 隣（となり）の部屋（へや）が うるさかったからです。

吉田 ： 防音（ぼうおん）が よくなかったですね。

田中 ： たしかに そうですね。

요시다 : 다나카 씨, 어제의 파티는 즐거웠습니까?
다나카 : 예, 아주 즐거웠습니다.
요시다 : 노래방에서는 재미있었나요?
다나카 : 거기에서는 별로 재미있지 않았습니다.
요시다 : 그래요? 왜죠?
다나카 : 옆방이 시끄러웠기 때문이에요.
요시다 : 방음이 좋지 않았군요.
다나카 : 분명 그래요.

昨日(きのう) 어제
パーティー 파티
楽(たの)しい 즐겁다(형용사)
とても 매우, 아주, 정말
カラオケ 가라오케, 노래방
～で ～에서(장소)
おもしろい 재미있다(형용사)
そこ 거기, 그곳
あまり 별로, 그다지
どうして 왜, 어째서
隣(となり) 옆
部屋(へや) 방
うるさい 시끄럽다(형용사)
～から ～이기 때문에
防音(ぼうおん) 방음
よい 좋다(형용사)
たしかに 확실히, 분명히

위치 관련 표현

上(うえ) 위	下(した) 아래	前(まえ) 전, 앞	後(うし)ろ 후, 뒤
中(なか) 안	外(そと) 밖	右(みぎ) 오른쪽	左(ひだり) 왼쪽
横(よこ) 옆	間(あいだ) 사이		

隣(となり) 이웃, 옆　隣のビル 옆 건물　隣の人(ひと) 이웃집 사람

そば 곁, 근처. 전후좌우 근처에 있는 경우를 말함.

형용사 정리 형용사의 활용에 대해 정리한다.

高い 비싸다
高いです 비쌉니다
高くない 비싸지 않다
高くて 비싸고, 비싸서, 비싸니
高くないです 비싸지 않습니다
高くありません 비싸지 않습니다
高くなかった 비싸지 않았다
高くなかったです 비싸지 않았습니다
高くありませんでした 비싸지 않았습니다
高かった 비쌌다
高かったです 비쌌습니다

大きい 크다
大きいです 큽니다
大きくない 크지 않다
大きくて 크고, 커서
大きくないです 크지 않습니다
大きくありません 크지 않습니다
大きくなかった 크지 않았다
大きくなかったです 크지 않았습니다
大きくありませんでした 크지 않았습니다
大きかった 컸다
大きかったです 컸습니다

小さい 작다
小さいです 작습니다
小さくない 작지 않다
小さくて 작고, 작아서, 작으니
小さくないです 작지 않습니다
小さくありません 작지 않습니다
小さくなかった 작지 않았다
小さくなかったです 작지 않았습니다
小さくありませんでした 작지 않았습니다
小さかった 작았다
小さかったです 작았습니다

明るい 밝다
明るいです 밝습니다
明るくない 밝지 않다
明るくて 밝고, 밝아서, 밝으니
明るくないです 밝지 않습니다
明るくありません 밝지 않습니다
明るくなかった 밝지 않았다
明るくなかったです 밝지 않았습니다
明るくありませんでした 밝지 않았습니다
明るかった 밝았다
明るかったです 밝았습니다

美しい 아름답다
美しいです 아름답습니다
美しくない 아름답지 않다
美しくて 아름답고, 아름다워서, 아름다우니
美しくないです 아름답지 않습니다
美しくありません 아름답지 않습니다
美しくなかった 아름답지 않았다
美しくなかったです 아름답지 않았습니다
美しくありませんでした 아름답지않았습니다
美しかった 아름다웠다
美しかったです 아름다웠습니다

楽しい 즐겁다
楽しいです 즐겁습니다
楽しくない 즐겁지 않다
楽しくて 즐겁고, 즐거워서, 즐거우니
楽しくないです 즐겁지 않습니다
楽しくありません 즐겁지 않습니다
楽しくなかった 즐겁지 않았다
楽しくなかったです 즐겁지 않았습니다
楽しくありませんでした 즐겁지않았습니다
楽しかった 즐거웠다
楽しかったです 즐거웠습니다

첫걸음편
형용동사

형용동사? 처음 들어보는 문법 용어일 것이다. 형용사와 같은 역할을 하는 품사이다. 명사, 형용사, 형용동사가 어울려서 문장은 더욱 복잡해진다. 물론 그만큼 표현도 풍부해진다. CD를 반복해서 듣고 따라 하는 공부는 밥 먹는 것만큼이나 중요하다.

형용동사

　형용동사란 형용사와 마찬가지로 사람이나 사물의 형태 및 성질 등을 나타내는 말이다. 우리말의 '예쁘다, 멋지다, 능숙하다, 서투르다, 유명하다, 훌륭하다, 조용하다, 깨끗하다' 등이 바로 형용동사에 속한다.

　얼핏 보면 형용사와 별반 다를 게 없다는 것을 알 수 있다. 하지만 형용사와는 모양이 다르다. 따라서 의미상의 기능은 같지만, 형태상의 차이가 있기 때문에 형용동사라는 별도의 용어를 만들어 놓은 것이다. 영화 러브레터의 대사로 유명해진 お元気(げんき)ですか(오겡끼데스까)에서 元気 부분이 형용동사에 해당한다.

　형용동사의 기본형은 ～だ로 끝난다. 그런데 사전에서 찾을 때는 맨 끝에 있는 だ를 떼고 찾아야 한다. 다음에 나열되어 있는 형용동사의 기본형과 그 활용 예문을 보자. 다음의 형용동사들은 모두 기본적인 단어들이므로, 우선은 이해에 주력하고 나중에 복습하면서 꼭 외워 두도록 하자.

元気だ 건강하다	子供は 元気だ。(아이는 건강하다.)
静かだ 조용하다	ここは 静かだ。(이곳은 조용하다.)
きれいだ 깨끗하다	部屋は きれいだ。(방은 깨끗하다.)
有名だ 유명하다	田中さんは 有名だ。(다나카 씨는 유명하다.)
にぎやかだ 번화하다	ソウルは にぎやかだ。(서울은 번화하다.)
便利だ 편리하다	コンピューターは 便利だ。(컴퓨터는 편리하다.)
大切だ 중요하다	命は 大切だ。(생명은 중요하다.)
すてきだ 멋있다	この 服は すてきだ。(이 옷은 멋있다.)
りっぱだ 훌륭하다	先生は りっぱだ。(선생님은 훌륭하다.)
親切だ 친절하다	彼女は 親切だ。(그녀는 친절하다.)
簡単だ 간단하다	この 仕事は 簡単だ。(이 일은 간단하다.)
好きだ 좋아하다	日本語が 好きだ。(일본어가 좋다. = 일본어를 좋아한다.)
嫌いだ 싫어하다	英語が 嫌いだ。(영어가 싫다. = 영어를 싫어한다.)
上手だ 잘하다	日本語が 上手だ。(일본어를 잘한다.)
下手だ 서투르다	英語が 下手だ。(영어가 서투르다.)

형용사와 형용동사

　형용사와 형용동사는 둘 다 '사람이나 사물의 형태 및 성질 등을 나타내는 말'이다. 단지 이 둘을 구분하는 것은
모양이다.
　형용사 : あおい, あかい, くろい, しろい, たかい, やすい, あつい, さむい 등
　형용동사 : しずかだ, きれいだ, べんりだ, じょうずだ, すきだ, げんきだ 등
　이 둘을 좀더 쉽게 구분하기 위해 다른 교재에서는 형용사를 'い형용사', 형용동사를 'な형용사'라고 부르기도 한
다. 이 교재 외에 다른 교재로 학습할 때에는 'い형용사'나 'な형용사' 등의 용어가 사용될 수 있으므로 주의하자.
　'い형용사'는 기본형이 ～い로 끝났다는 데에서 붙여진 것이고, な형용사는 명사를 수식할 때의 모양에서 붙여
진 이름이다. 즉 마지막 글자 だ가 な로 바뀐다. 아래의 예를 살펴보자.

元気な　子供。 (건강한 아이.)	便利な　コンピューター。 (편리한 컴퓨터.)
きれいな　部屋。 (깨끗한 방.)	すてきな　服。 (멋진 옷.)
にぎやかな　街。 (번화한 거리.)	親切な　彼女。 (친절한 그녀.)
大切な　命。 (소중한 생명.)	好きな　日本語。 (좋아하는 일본어.)
りっぱな　先生。 (훌륭한 선생님.)	嫌いな　英語。 (싫어하는 영어.)
簡単な　仕事。 (간단한 일.)	上手な　日本語。 (능숙한 일본어.)
静かな　ところ。 (조용한 곳.)	下手な　英語。 (서툰 영어.)
有名な　人。 (유명한 사람.)	

명사와 형용동사

　이미 앞에서 배운 것처럼 명사와 형용동사에는 です를 붙여서 말을 만든다. 그래서 형용동사를 배울 때는 그리
큰 부담을 느끼지 않게 되는데, 그만큼 비슷한 요소가 많다. です를 붙여서 말을 만드는 것은 명사와 형용동사가
똑같다. 그렇다면 다른 점은 무엇인가? 역시 가장 큰 차이는 의미의 차이일 것이다. 그리고 형태상 다른 점은 뒤에
명사가 올 때이다. 아래의 예를 통해서 살펴보자.

1. 뜻이 다르다

명사 + です: です를 '입니다'로 해석　　　　　　　형용동사 + です: です를 '합니다'로 해석
公園です。 (공원입니다.)　　　　　　　　　　　　静かです。 (조용합니다.)

公園ではありません。 (공원이 아닙니다.)　　　　静かではありません。 (조용하지 않습니다.)

2. 뒤에 명사가 올 때 모양이 다르다

명사 + の + 명사　　　　　　　　　　　　　　　　형용동사 + な + 명사
ソウル市の　公園です。 (서울시의 공원입니다.)　静かな　公園です。 (조용한 공원입니다.)

08

형용동사(1)

정중 표현

이 과의 내용은 이전까지의 내용을 모두 안다는 가정 하에 만들어졌습니다. 모르는 내용이 있을 때에는 이전의 내용을 참고로 복습하시기 바랍니다.

ここ 이곳, 여기
きれいだ 깨끗하다(형용동사)
静(しず)かだ 조용하다(형용동사)
店(みせ) 가게
有名(ゆうめい)だ 유명하다(형용동사)
町(まち) 마을
にぎやかだ 번화하다(형용동사)

---

14 | A(명사) は B(형용동사) です。

A는 B 합니다.

참고 형용동사의 어미 だ를 です로 바꾼다.

ex ここは きれいです。 이곳은 깨끗합니다.
　　 ここは 静かです。 이곳은 조용합니다.

---

15 | A(명사) は B(형용동사) ではありません。

A는 B 하지 않습니다.

참고 이 때 ではありません은 じゃありません으로 바꾸어 말할 수 있다. 회화체에서는
じゃありません을 더 많이 쓴다.

ex この 店は 有名ではありません。 이 가게는 유명하지 않습니다.
　　 この 町は にぎやかではありません。 이 마을은 번화하지 않습니다.

---

16 | A(형용동사) な B(명사) です。

A 한 B 입니다.

참고 형용동사가 명사를 수식할 때는 기본형의 마지막 글자 だ를 떼고 な를 붙인다.

ex この 町は にぎやかです。 이 마을은 번화합니다.
　　 ここは にぎやかな 町です。 이곳은 번화한 마을입니다.

吉田： 田中さん、この 公園（こうえん）は きれいですね。

田中： ええ。それに とても 静（しず）かです。
　　　 ここは 日本（にほん）で 一番（いちばん） 美（うつく）しい 町（まち）として 有名（ゆうめい）ですよ。

吉田： あ、そうですか。私も 静かな ところが いいですね。

田中： 吉田さんの ところは 静かではありませんか。

吉田： 私の ところは、にぎやかな 町です。

田中： にぎやかな ところも それなりに いいですね。

吉田： それはそうですけど……。

요시다 : 다나카 씨, 이 공원은 깨끗하네요.
다나카 : 예. 게다가 아주 조용해요.
　　　　　 이곳은 일본에서 가장 아름다운 마을로서 유명하죠.
요시다 : 아, 그래요? 나도 조용한 곳이 좋아요.
다나카 : 요시다 씨가 사는 곳은 조용하지 않습니까?
요시다 : 제가 사는 곳은 번화한 동네예요.
다나카 : 번화한 곳도 나름대로 좋죠.
요시다 : 그건 그렇지만…….

어구

公園(こうえん) 공원
きれいだ 깨끗하다, 예쁘다(형용동사)
それに 게다가
とても 매우, 아주
ここ 여기, 이곳
日本(にほん) 일본
～で ～에서
一番(いちばん) 가장, 제일
美(うつく)しい 아름답다(형용사)
～として ～로서
そうですか 그렇습니까
私(わたし) 나, 저(일인칭 대명사)
～も ～도
ところ 곳, 장소
～で ～(으)로
有名(ゆうめい)だ 유명하다(형용동사)
にぎやかだ 번화하다, 시끄럽다(형용사)
それなりに 나름대로
それはそうです 그건 그렇습니다
～けど ～이지만

알아둡시다!

よ　적절한 해석어가 없다

문장 끝에 붙여서 상대방에게 어떤 사실을 알려 준다는 느낌을 준다.

ここは　有名（ゆうめい）です。 이곳은 유명합니다.(단순한 사실을 말함)

ここは　有名ですよ。 이곳은 유명합니다.
　　　　　　　　　　　(상대방이 모를 것이라는 가정하에 알려준다는 느낌으로 말함)

09

형용동사(2)
기타 표현

이 과의 내용은 이전까지의 내용을 모두 안다는 가정 하에 만들어졌습니다. 모르는 내용이 있을 때에는 이전의 내용을 참고로 복습하시기 바랍니다.

さしみ (생선회)
料理(りょうり) 요리
女(おんな)の人(ひと) 여자
親切(しんせつ)だ 친절하다(형용동사)
人(ひと) 사람

17 | A(명사) が 好き/嫌い/上手/下手 だ(です)。
A를(을) 좋아하다/싫어하다/능숙하다/서투르다.

 참고 형용동사 好きだ, 嫌いだ, 上手だ, 下手だ는 앞에 오는 조사로 が를 쓴다.

ex さしみが 好きだ。 회를 좋아한다.

さしみが 好きです。 회를 좋아합니다.

料理が 下手だ。 요리가 서투르다.

料理が 下手です。 요리가 서투릅니다.

18 | A(명사) は B(형용동사) で C(형용동사) です。
A는 B 하고 C 합니다.

 참고 형용동사 두 개를 연이어서 말할 때 쓰는 표현이다.

ex ここは 静かで きれいです。 이곳은 조용하고 깨끗합니다.

あの 女の人は きれいで 親切な 人です。
저 여자는 예쁘고 친절한 사람입니다.

이런 표현도 알아두자!

명사(또는 형용동사) + なんです

'명사(형용동사) + です'라고 할 때는 단순한 사실을 말하는 뉘앙스인데 비해, '명사(형용동사) + なんです'라고 할 때는 상대에게 자신의 의견이나 입장을 이해시키거나 강조하는 뉘앙스를 가진다.

ここは 有名です。 이곳은 유명합니다.(단순한 사실을 말함)

ここは 有名なんです。 이곳은 유명하죠.(강조하는 뉘앙스로 말함)

Track 42

田中： 吉田さんは、料理の 中で 何が 一番 好きですか。

吉田： 僕は さしみが 一番 好きです。

田中さんも さしみ、好きでしょう。

田中： いえ、あたしは、さしみは きらいなほうなんです。

吉田： へえ、どうしてですか。

田中： 実は あたし、生の ものが だめなんですよ。

吉田： ああ、そうなんですか。

じゃあ、スパゲッティなんかは どうですか。

田中： スパゲッティ！ あたし、大好きなんです。

吉田： では、あそこは どうですか。

材料が 新鮮で、本場の味で有名な店ですよ。

田中： ほんとうですか。じゃあ、お願いします。

다나카 : 요시다 씨는 요리 중에서 무엇을 가장 좋아합니까?
요시다 : 나는 회를 가장 좋아합니다. 다나카 씨도 회 좋아하죠?
다나카 : 아뇨, 저는 회는 싫어하는 편입니다.
요시다 : 어? 왜죠?
다나카 : 사실 저는 날것을 못 먹어요.
요시다 : 아아, 그러세요? 그럼 스파게티 같은 것은 어떠세요?
다나카 : 스파게티! 저 아주 좋아해요.
요시다 : 그럼, 저곳은 어떠세요? 재료가 신선하고 본고장의 맛으로 유명한 가게예요.
다나카 : 정말요? 그럼, 부탁할게요.

中(なか) 중, 안, 속
～で ～에서

何(なに) 무엇
一番(いちばん) 가장, 제일
いえ 아니요
あたし 내(일인칭, 여성전용)
嫌(きら)いだ 싫어하다(형용동사)
～ほう ～편, ～쪽

どうして 왜, 어째서
実(じつ)は 사실은
生(なま) 날것, 생
だめだ 불가능하다, 안 된다(형용동사)
そうですか 그렇습니까
じゃあ 그럼
スパゲッティ 스파게티
なんか ～같은 것, ～따위
どうですか 어떻습니까?
大好(だいす)きだ 아주 좋아하다(형용동사)
では 그럼, 그러면
材料(ざいりょう) 재료
本場(ほんば) 본고장
～で ～으로(조건)

有名(ゆうめい)だ 유명하다(형용동사)
ほんとうだ 정말이다(형용동사)

49

형용동사 정리

형용동사의 활용에 대해 정리한다.

元気だ 건강하다
元気です 건강합니다
元気ではない 건강하지 않다
元気ではないです 건강하지 않습니다
元気ではありません 건강하지 않습니다
元気で 건강하고
元気だった 건강했다
元気だったです 건강했습니다
元気ではなかった 건강하지 않았다
元気ではなかったです 건강하지 않았습니다
元気ではありませんでした 건강하지 않았습니다

きれいだ 예쁘다
きれいです 예쁩니다
きれいではない 예쁘지 않다
きれいではないです 예쁘지 않습니다
きれいではありません 예쁘지 않습니다
きれいで 예쁘고
きれいだった 예뻤다
きれいだったです 예뻤습니다
きれいではなかった 예쁘지 않았다
きれいではなかったです 예쁘지 않았습니다
きれいではありませんでした 예쁘지 않았습니다

すてきだ 멋지다
すてきです 멋집니다
すてきではない 멋지지 않다
すてきではないです 멋지지 않습니다
すてきではありません 멋지지 않습니다
すてきで 멋지고
すてきだった 멋졌다
すてきだったです 멋졌습니다
すてきではなかった 멋지지 않았다
すてきではなかったです 멋지지 않았습니다
すてきではありませんでした 멋지지 않았습니다

りっぱだ 훌륭하다
りっぱです 훌륭합니다
りっぱではない 훌륭하지 않다
りっぱではないです 훌륭하지 않습니다
りっぱではありません 훌륭하지 않습니다
りっぱで 훌륭하고
りっぱだった 훌륭했다
りっぱだったです 훌륭했습니다
りっぱではなかった 훌륭하지 않았다
りっぱではなかったです 훌륭하지 않았습니다
りっぱではありませんでした 훌륭하지 않았습니다

親切だ 친절하다
親切です 친절합니다
親切ではない 친절하지 않다
親切ではないです 친절하지 않습니다
親切ではありません 친절하지 않습니다
親切で 친절하고
親切だった 친절했다
親切だったです 친절했습니다
親切ではなかった 친절하지 않았다
親切ではなかったです 친절하지 않았습니다
親切ではありませんでした 친절하지 않았습니다

上手だ 잘하다
上手です 잘합니다
上手ではない 잘하지 않다
上手ではないです 잘하지 않습니다
上手ではありません 잘하지 않습니다
上手で 잘하고
上手だった 잘했다
上手だったです 잘했습니다
上手ではなかった 잘하지 않았다
上手ではなかったです 잘하지 않았습니다
上手ではありませんでした 잘하지 않았습니다

첫걸음편
존재표현

존재표현이란 '있다', '없다'를 나타내는 말이다. 이 말이 기본 회화에서 얼마나 중요한 역할을 하는지 본문 회화를 학습해 보면 알 수 있을 것이다. CD를 반복해서 듣고 네이티브와 똑같이 발음하려고 노력해 보는 것도 어학 학습에서는 매우 중요한 일이다.

10

존재표현(1)
무생물

이 과의 내용은 이전까지의 내용을 모두 안다는 가정 하에 만들어졌습니다. 모르는 내용이 있을 때에는 이전의 내용을 참고로 복습하시기 바랍니다.

あそこ 저기, 저곳
～に ～에(장소)
ボールペン 볼펜
～が ～이(가)
そこ 거기, 그곳
ノート 노트, 공책
ここ 여기, 이곳

19 | A(무생물명사) が あります / ありません。
A가 있습니다 / 없습니다.

ex あそこに ボールペンが あります。 저기에 볼펜이 있습니다.
あそこに ボールペンは ありません。 저기에 볼펜은 없습니다.

20 | A(무생물명사) が ありました / ありませんでした。
A가 있었습니다 / 없었습니다.

ex そこに ノートが ありました。 거기에 노트가 있었습니다.
そこに ノートは ありませんでした。 거기에 노트는 없었습니다.

이런 표현도 알아두자!

あります 있습니다 → ある 있다
ありません 없습니다 → ない 없다
ありました 있었습니다 → あった 있었다
ありませんでした 없었습니다 → なかった 없었다

ここに ボールペンが ある。 여기에 볼펜이 있다.
ここに ボールペンは ない。 여기에 볼펜은 없다.

田中 ： ごめんください。ここに ボールペン、ありますか。

店員 ： はい。あそこの 棚（たな）に あります。

　　　　＊ ＊ ＊ ＊ ＊ ＊ ＊ ＊

店員 ： ありましたか。

田中 ： はい、ありました。えっと、ノートは どこに ありますか。

店員 ： ノートは すぐ そばに ありますけど……。

田中 ： そこには ありませんでした。

店員 ： そうですか。あ、ノートは こちらです。

田中 ： あ、あります。あります。

다나카 ： 실례합니다. 여기에 볼펜 있어요?

점　원 ： 예, 저기 진열대에 있습니다.

　　　　＊ ＊ ＊ ＊ ＊ ＊ ＊ ＊

점　원 ： 있었습니까?

다나카 ： 예, 있었어요. 음……, 노트는 어디에 있습니까?

점　원 ： 노트는 바로 옆에 있습니다만…….

다나카 ： 거기에는 없었어요.

점　원 ： 그래요? 아, 노트는 이쪽입니다.

다나카 ： 아, 있어요, 있어요.

ごめんください 실례합니다
あそこ 저기, 저곳
棚(たな) 선반, 진열대
えっと 음(말을 하다가 무언가를 생각할
때 하는 표현)
どこ 어디, 어느 곳
すぐ 바로, 곧
そば 옆, 곁
〜けど 〜인데, 〜이지만(역접조사)
そこ 거기, 그곳
そうですか 그렇습니까?
あ 아!(감탄사)
こちら 이쪽

알아둡시다!

ご ＋ 한자

ご는 한자어 앞에 붙어서 그 단어 자체를 미화하거나 상대에 대한 존경을 표시한다. 다음 과에 나오는 ご家族(かぞく)와도 관련이 있으므로 알아 두자.

'존경'의 예 : ご心配(しんぱい) 걱정, 심려　ご案内(あんない) 안내　ご意見(いけん) 의견, 고견
'미화'의 예 : ご飯(はん) 밥

21 A(생물명사) が　います／いません。

A가 있습니다／없습니다.

ex　そこに　友達（ともだち）が　います。거기에 친구가 있습니다.
　　そこに　友達は　いません。거기에 친구는 없습니다.

22 A(생물명사) が　いました／いませんでした。

A가 있었습니다／없었습니다.

ex　そこに　私の　友達が　いました。거기에 나의 친구가 있었습니다.
　　そこに　私の　友達は　いませんでした。거기에 나의 친구는 없었습니다.

11

존재표현(2)
생물

이 과의 내용은 이전까지의 내용을 모두 안다는 가정 하에 만들어졌습니다. 모르는 내용이 있을 때에는 이전의 내용을 참고로 복습하시기 바랍니다.

そこ 거기, 그곳
〜に 〜에(장소)
友達(ともだち) 친구

	나의 가족을 부를때	가족을 남에게 말할 때	남의 가족을 칭할 때
할아버지	おじいさん	祖父(そふ)	おじいさん
할머니	おばあさん	祖母(そぼ)	おばあさん
아버지	お父(とう)さん	父(ちち)	お父さん
어머니	お母(かあ)さん	母(はは)	お母さん
부모님	없음	両親(りょうしん)	ご両親
부모의 남자 형제	おじさん	おじ	おじさん
부모의 여자 형제	おばさん	おば	おばさん
오빠 · 형	お兄(にい)さん	兄(あに)	お兄さん
언니 · 누나	お姉(ねえ)さん	姉(あね)	お姉さん
남동생	이름	弟(おとうと)	弟さん
여동생	이름	妹(いもうと)	妹さん
남편	あなた	夫(おっと) · 主人(しゅじん)	ご主人(しゅじん)
부인 · 아내	おまえ · 이름	家内(かない) · 妻(つま)	奥(おく)さん
자식	이름	子供(こども)	お子(こ)さん
아들	이름	息子(むすこ)	息子(むすこ)さん
딸	이름	娘(むすめ)	お嬢(じょう)さん

* 부모의 남자 형제에서, 큰아버지와 작은아버지를 표기할 때, 그 구분을 반드시 해 주어야 할 경우에는 '伯父', '叔父' 등의 한자를 써서 표기하기도 한다.

吉田：田中さんの　ご家族（か ぞく）は　何人（なんにん）家族（か ぞく）ですか。

田中：父（ちち）と　母（はは）と　兄（あに）が　一人（ひとり）　います。

吉田：へえ、お兄（にい）さんの　ほかは　いませんか。

田中：ええ、ほかには　誰（だれ）も　いません。

吉田：僕（ぼく）には　姉（あね）と　妹（いもうと）が　いますよ。

田中：そうですか。で、ペットは　いませんか。

吉田：前（まえ）は　いましたが、今（いま）は　いません。

田中：私の　うちには、前は　いませんでしたが、

　　　今は「シロ」という　小犬（こいぬ）が　一匹（いっぴき）　います。

요시다 : 다나카 씨 가족은 몇 명이죠?
다나카 : 아빠와 엄마, 오빠가 한 명 있어요.
요시다 : 그래요? 오빠 외에는 없어요?
다나카 : 예, 그 외에는 아무도 없어요.
요시다 : 저에게는 누나와 여동생이 있어요.
다나카 : 그렇군요, 그런데 애완동물은 없습니까?
요시다 : 전에는 있었는데, 지금은 없어요.
다나카 : 우리집에는 전에는 없었는데, 지금은 '시로'라는 강아지가 한 마리 있어요.

어구

家族（かぞく） 가족
何人（なんにん） 몇 명
～と ～와(과)
一人（ひとり） 한 사람, 한 명
ほか 그 밖, 그 외
誰（だれ）も 아무도
僕（ぼく） 나(남성전용)
そうですか 그렇습니까
で 그런데(ところで의 줄임말)
ペット 애완동물
前（まえ） 전, 예전
～が ～하지만, ～이지만(역접)
今（いま） 지금
うち 집
～には ～에는
～という ～라는
小犬（こいぬ） 강아지
一匹（いっぴき） 한 마리

いきます 있습니다 → いる 있다
いません 없습니다 → いない 없다
いました 있었습니다 → いた 있었다
いませんでした 없었습니다 → いなかった 없었다

(ex) ここに　友達（ともだち）が　いる。 여기에 친구가 있다.
　　 ここに　友達は　いない。 여기에 친구는 없다.

01 다음을 일본어로 작문하세요.

① 이것은 무엇입니까? → ___________________________

② 저것은 누구의 것입니까? → ___________________________

③ 아르바이트는 오후 2시부터 5시까지입니다. → ___________________________

02 다음을 작문하세요.

① 이것은 싸고 귀엽습니다. → ___________________________

② 이 디카는 비싸지 않습니다. → ___________________________

③ 어제는 매우 재미있었습니다. → ___________________________

④ 옆 방이 시끄러웠기 때문입니다. → ___________________________

⑤ 파티는 아주 좋았습니다. → ___________________________

03 다음을 작문하세요.

① 이 공원은 깨끗합니다. → ___________________________

② 제일 좋은 공원으로 유명합니다. → ___________________________

③ 요리 중에서 무엇을 가장 좋아합니까? → ___________________________

④ 이곳은 깨끗하고 조용합니다. → ___________________________

04 다음을 작문하세요.

① 노트는 어디에 있습니까? → ___________________________

② 가족은 몇 명 가족입니까? → ___________________________

③ 아버지와 어머니와 언니가 한 명 있습니다. → ___________________________

첫걸음편
동사

일본어 학습의 최대 관문이다. 내용도 가장 많으면서 실생활에서 가장 필요한 회화 내용이 담겨 있다. 어쩌면 여러분의 일본어 학습의 성공과 실패가 지금부터의 학습으로 갈리게 될지도 모른다. 부디 동사의 관문을 통과하여 성공의 길로 접어들기를 바란다.

동 사

동사란?

동사는 사람이나 사물의 움직임을 나타내는 말이다. 우리말의 '가다', '먹다', '(바람이) 불다' 등이 바로 동사이다. 우리말 동사의 기본형은 '~다'로 끝나는 것이 형태상의 특징이다.

동사의 기본형

일본어 동사의 기본형은「~ウ段」으로 끝난다.
「~ウ段」이란「う, く, す, つ, ぬ, ふ, む, ゆ, る, ぐ, ず, づ, ぶ, ぷ」등의 글자를 말한다. 다음 단어들의 끝 글자를 보면 모두「~ウ段」임을 알 수 있다.

あう	만나다	みる	보다
あるく	걷다	たべる	먹다
はなす	이야기하다	およぐ	수영하다
たつ	서다	あそぶ	놀다
しぬ	죽다	する	하다
のむ	마시다	くる	오다
うる	팔다		이것들은 기본 동사이므로 꼭 외워 두자.

현대어에서는「ふ, ゆ, ず, づ, ぷ」로 끝나는 동사는 없다. 동사의 글자수는 단어마다 다르다. 최소 두 글자에서 최대 다섯글자가 넘는 것도 있다.

동사의 종류

일본어 동사에는 '1단동사', '변격동사', '5단동사' 등 세 종류가 있으며, 그 구분법은 다음과 같다.
1단동사 : 항상 ~る로만 끝나고 る 바로 이전의 글자가 イ段이나 エ段이다.

みる	보다	あける	열다
おきる	일어나다	おしえる	가르치다
ねる	자다	おぼえる	외우다
たべる	먹다	わすれる	잊다

*위의 단어들은 모두 る로 끝났고, る 바로 이전의 글자가 イ段 또는 エ段의 글자임을 알 수 있다.

변격동사 : 다음 두 개뿐이다.

する	하다	くる	오다

5단동사 : る 이외의 ウ段(う, く, す, つ, ぬ, む, ぐ, ぶ)으로 끝나는 동사와 る로 끝났더라도 る 바로 이전의 글자가 イ段이나 エ段의 글자가 아닌 동사.

あう	만나다	のむ	마시다
あるく	걷다	うる	팔다
かす	빌려주다	およぐ	수영하다
たつ	일어서다	あそぶ	놀다
しぬ	죽다		

조수사

조수사란 사람이나 물건의 수를 세는 품사를 말한다. '한 개, 두 개', '한 사람, 두 사람' 등이 그런 예이다. 다음 표의 조수사는 자주 쓰이는 것이므로 잘 익혀 두자.

	사람 (~명)	일반적인 갯수 (~개)	가늘고 긴 물건 병·꽃·볼펜·우산	얇고 평평한 것 종이·식빵·와이셔츠	개·고양이 등의 동물 (~마리)
1	ひとり 한 명	いっこ 한 개	いっぽん 한 자루(병)	いちまい 한 장	いっぴき 한 마리
2	ふたり 두 명	にこ 두 개	にほん 두 자루(병)	にまい 두 장	にひき 두 마리
3	さんにん 세 명	さんこ 세 개	さんぼん 세 자루(병)	さんまい 세 장	さんびき 세 마리
4	よにん	よんこ	よんほん	よんまい	よんひき
5	ごにん	ごこ	ごほん	ごまい	ごひき
6	ろくにん	ろっこ	ろっぽん	ろくまい	ろっぴき
7	しちにん	ななこ	ななほん	ななまい	ななひき
8	はちにん	はっこ(はちこ)	はっぽん(はちほん)	はちまい	はっぴき(はちひき)
9	きゅうにん	きゅうこ	きゅうほん	きゅうまい	きゅうひき
10	じゅうにん	じゅっこ	じゅっぽん	じゅうまい	じゅっぴき
몇	なんにん 몇 명	なんこ 몇 개	なんぼん 몇 자루(병)	なんまい 몇 장	なんびき 몇 마리

12

동사(1)
정중 표현

이 과의 내용은 이전까지의 내용을 모두 안다는 가정 하에 만들어졌습니다. 모르는 내용이 있을 때에는 이전의 내용을 참고로 복습하시기 바랍니다.

23 (1단동사) る

　　　　　ます / ません。

~ㅂ니다 / ~지 않습니다.

ます는 '~ㅂ니다'란 뜻이고, ません은 '~지 않습니다'란 뜻이다. 1단동사에서는 마지막 글자 る를 떼고 ます 또는 ません을 붙인다.

ex　みる 보다(1단동사)　　　　たべる 먹다(1단동사)

　　みます 봅니다　　　　　　たべます 먹습니다

　　みません 보지 않습니다　　たべません 먹지 않습니다

모든 1단동사가 이 규칙을 따른다.

24 (5단동사) ウ段

　　　　　イ段 ます / ません。

~ㅂ니다 / ~지 않습니다.

5단동사에서는 마지막 글자 ウ段의 글자를 イ段의 글자로 바꾸고 ます 또는 ません을 붙인다.

ex　たつ 서다(5단동사)　　　　よむ 읽다(5단동사)

　　たちます 섭니다　　　　　　よみます 읽습니다

　　たちません 서지 않습니다　　よみません 읽지 않습니다

모든 5단동사가 이 규칙을 따른다.

25 する 하다 → します 합니다 → しません 하지 않습니다

　　くる 오다 → きます 옵니다 → きません 오지 않습니다

변격동사인 する와 くる는 자체가 し와 き로 바뀐다.

吉田：田中さんは 日曜日に 何を しますか。

田中：まず 掃除を します。それから 本を 読みます。

吉田：運動は しませんか。

田中：ええ、運動は あまり 好きじゃありません。

吉田：では、外には 出ませんか。

田中：ええ、普通は 家に います。

吉田：じゃあ、今度 一緒に 映画でも 見ませんか。

田中：あら、いいですね。ぜひ お願いします。

요시다 : 다나카 씨는 일요일에 무엇을 합니까?
다나카 : 먼저 청소를 합니다. 그리고 나서 책을 읽습니다.
요시다 : 운동은 하지 않습니까?
다나카 : 예, 운동은 그다지 좋아하지 않습니다.
요시다 : 그럼, 밖에는 나가지 않습니까?
다나카 : 예, 보통은 집에 있습니다.
요시다 : 그럼, 다음에 함께 영화라도 보지 않을래요?
다나카 : 어머, 좋아요. 꼭 부탁해요.

日曜日(にちようび) 일요일

~に ~에(시점)

する 하다(변격동사)

まず 먼저

掃除(そうじ) 청소

それから 그리고 나서

本(ほん) 책

読(よ)む 읽다(5단동사)

運動(うんどう) 운동

あまり 그다지, 별로

好(す)きだ 좋아하다(형용동사)

では 그럼

外(そと) 밖, 외부

出(で)る 나가다, 나오다(1단동사)

普通(ふつう) 보통

家(いえ) 집

じゃあ 그럼(では와 같은 말)

今度(こんど) 이번, 다음번, 지난번(상황에 따라 다른 뜻으로 쓰임)

一緒(いっしょ)に 함께, 같이

映画(えいが) 영화

~でも ~라도

見(み)る 보다(1단동사)

ぜひ 꼭, 반드시

알아둡시다!

'동사의 ます형'이란?

'동사의 ます형'이라는 용어가 있다. 그것은 이 과에서 배운 것처럼 동사에 ます가 붙는 모양을 뜻한다.

동사 'みる(보다)'의 'ます형'은 'みる → みます'에서 ます를 뺀 み가 된다.
'たべる(먹다)'의 'ます형'은 'たべる → たべます'에서 ます를 뺀 'たべ'가 된다.
5단동사의 경우 'あそぶ → あそびます'에서 ます를 뺀 'あそび'가 ます형이다.

13

동사(2)
과거 표현

이 과의 내용은 이전까지의 내용을 모두 안다는 가정 하에 만들어졌습니다. 모르는 내용이 있을 때에는 이전의 내용을 참고로 복습하시기 바랍니다.

26 **(1단동사) る**
ました / ませんでした。
~했습니다 / ~지 않았습니다.

ました는 '~했습니다'란 뜻이고, ませんでした는 '~지 않았습니다'란 뜻이다. 1단동사에서는 마지막 글자 る를 떼고 ました 또는 ませんでした를 붙인다.

ex
ね**る** 자다(1단동사)　　　　おき**る** 일어나다(1단동사)
ね**ました** 잤습니다　　　　おき**ました** 일어났습니다
ね**ませんでした** 자지 않았습니다　おき**ませんでした** 일어나지 않았습니다

27 **(5단동사) ウ段**
イ段 ました / ませんでした。
~했습니다 / ~지 않았습니다.

5단동사에서는 마지막 글자 ウ段의 글자를 イ段의 글자로 바꾸고 ました 또는 ませんでした를 붙인다.

ex
の**む** 마시다(5단동사)　　　　ある**く** 걷다(5단동사)
の**みました** 마셨습니다　　　　ある**きました** 걸었습니다
の**みませんでした**　　　　ある**きませんでした**
마시지 않았습니다　　　　걷지 않았습니다

28 す**る** 하다 → **し**ました 했습니다 → **し**ませんでした 하지 않았습니다
く**る** 오다 → **き**ました 왔습니다 → **き**ませんでした 오지 않았습니다

변격동사인 する와 くる는 자체가 し와 き로 바뀐다.

田中 : 吉田さん、昨日(きのう)の コンパに 行(い)きましたか。

吉田 : いいえ、行きませんでした。田中さんも 行きませんでしたか。

田中 : ええ。昨日は 急(きゅう)な 用事(ようじ)が ありましたので……。

吉田 : あ、この前(まえ)の コンパにも 出(で)ませんでしたよね、田中さんは。

田中 : ええ。そのときは、何(なに)か 特別(とくべつ)な ことは ありませんでしたか。

吉田 : いいえ、特(とく)に 何も ありませんでしたよ。

田中 : そうですか。次(つぎ)の コンパには 必(かなら)ず！

다나카 : 요시다 씨, 어제 모임에 갔습니까?

요시다 : 아니요, 가지 않았어요. 다나카 씨도 가지 않았습니까?

다나카 : 예. 어제는 급한 볼일이 있었기 때문에…….

요시다 : 아! 지난번 모임에도 나가지 않았죠, 다나카 씨는?

다나카 : 예. 그때는 뭔가 특별한 일은 없었습니까?

요시다 : 아니요. 특별히 아무 일도 없었습니다.

다나카 : 그래요? 다음 모임에는 꼭! (가겠습니다)

昨日(きのう) 어제

コンパ 모임, 회합, 다과회

行(い)く 가다(5단동사)

〜も 〜도

急(きゅう)だ 급하다(형용동사)

用事(ようじ) 볼일, 용무

〜ので 〜이므로(원인, 이유)

この前(まえ) 일전, 요전

〜にも 〜에도

出(で)る 나가다, 나오다(1단동사)

その時(とき) 그 때

何(なに)か 무언가

特別(とくべつ)だ 특별하다(형용동사)

特(とく)に 특별히

何(なに)も 아무 것도, 아무 일도

ありませんでした 없었습니다

次(つぎ) 다음

必(かなら)ず 꼭, 반드시

이 책에는 '핵심 공식'이라는 것이 있다. 이 공식들은 모든 경우에 다 적용되는 것이므로, 각 항목에 나와 있는 단어나 문장에만 구애받지 말고, 다른 말에도 응용하여 사용하고 연습하는 습관을 길러야 한다.

14

동사(3)
권유 표현

이 과의 내용은 이전까지의 내용을 모두 안다는 가정 하에 만들어졌습니다. 모르는 내용이 있을 때에는 이전의 내용을 참고로 복습하시기 바랍니다.

29 (1단동사) る
　　　　ましょう。
　　　〜합시다.

ましょう는 '〜합시다'란 뜻이다. 1단동사에서는 마지막 글자 る를 떼고 ましょう를 붙인다.

ex　たべる 먹다　　　　　　わすれる 잊다
　　　たべます 먹습니다　　　わすれます 잊습니다
　　　たべましょう 먹읍시다　わすれましょう 잊읍시다

30 (5단동사) ウ段
　　　　イ段 ましょう。
　　　〜합시다.

5단동사에서는 마지막 글자 ウ段의 글자를 イ段의 글자로 바꾸고 ましょう를 붙인다.

ex　あう 만나다　　　　　のむ 마시다
　　　あいます 만납니다　　のみます 마십니다
　　　あいましょう 만납시다　のみましょう 마십시다

31　する 하다 → しましょう 합시다
　　　くる 오다 → きましょう 옵시다

변격동사인 する와 くる는 する 자체가 し로, くる 자체가 き로 바뀐다.

田中 : 吉田さん、今度の 日曜日、何を しますか。

吉田 : まだ 予定は ありませんけど。

田中 : では、一緒に 映画を 見ませんか。

吉田 : あ、それは いいですね。そうしましょう。

田中 : では、何時ごろに しましょうか。

吉田 : 午後 3時ごろに 会いましょう。

田中 : どこで 会いましょうか。

吉田 : 新宿駅の 西口で 会いましょう。

다나카 : 요시다 씨는 이번 일요일에 무엇을 합니까?
요시다 : 아직 예정은 없습니다만.
다나카 : 그럼 함께 영화를 보지 않겠습니까?
요시다 : 아, 그거 좋죠, 그렇게 합시다.
다나카 : 그럼 몇 시쯤으로 할까요?
요시다 : 오후 3시쯤 만납시다.
다나카 : 어디에서 만날까요?
요시다 : 신주쿠 역 서쪽 출구에서 만납시다.

今度(こんど) 이번
日曜日(にちようび) 일요일
する 하다(변격동사)
まだ 아직
予定(よてい) 예정
ありません 없습니다(10과 참조)
~けど ~이지만, ~하지만(역접조사)
一緒(いっしょ)に 함께, 같이
映画(えいが) 영화
見(み)る 보다(1단동사)
いい 좋다(형용사)
そう 그렇게
何時(なんじ) 몇 시
ごろ 쯤, 경, 무렵
~に ~으로(선택)
午後(ごご) 오후
会(あ)う 만나다(5단동사)
どこ 어디
~で ~에서(장소)
新宿(しんじゅく) 신주쿠(일본 지명)
駅(えき) (전철이나 기차 등의) 역
西口(にしぐち) 서쪽 출입구

ます 관련 정리

ます ~합니다(현재 긍정)　　　ex 行きます 갑니다. 가겠습니다

ません ~지 않습니다(현재 부정)　　　ex 行きません 가지 않습니다. 가지 않겠습니다

ました ~했습니다(과거 긍정)　　　ex 行きました 갔습니다

ませんでした ~지 않았습니다(과거 부정)　　　ex 行きませんでした 가지 않았습니다

ましょう ~합시다(권유)　　　ex 行きましょう 갑시다

* 行(い)く는 '가다'라는 뜻의 5단동사이다.
* 동사는 현재형으로 미래를 대신한다. (갑니다. 가겠습니다)

15

동사(4)
희망 표현

이 과의 내용은 이전까지의 내용을 모두 안다는 가정 하에 만들어졌습니다. 모르는 내용이 있을 때에는 이전의 내용을 참고로 복습하시기 바랍니다.

32 | **(1단동사)** る
       たい / たいです。
~하고 싶다 / ~하고 싶습니다.

たい는 '~하고 싶다'란 뜻이고, 여기에 です를 붙이면 '~하고 싶습니다'란 뜻이 된다. 1단 동사에서는 마지막 글자 る를 떼고 たい 또는 たいです를 붙인다.

ex
たべる 먹다(1단동사)	みる 보다(1단동사)
たべたい 먹고 싶다	みたい 보고 싶다
たべたいです 먹고 싶습니다	みたいです 보고 싶습니다

33 | **(5단동사)** ウ段
       イ段 たい / たいです。
~하고 싶다 / ~하고 싶습니다.

5단동사에서는 마지막 글자 ウ段의 글자를 イ段의 글자로 바꾸고 たい 또는 たいです를 붙인다.

ex
あう 만나다(5단동사)	のむ 마시다(5단동사)
あいたい 만나고 싶다	のみたい 마시고 싶다
あいたいです 만나고 싶습니다	のみたいです 마시고 싶습니다

34 | する 하다 → したい 하고 싶다 → したいです 하고 싶습니다
    くる 오다 → きたい 오고 싶다 → きたいです 오고 싶습니다

변격동사인 する와 くる는 する 자체가 し로, くる 자체가 き로 바뀐다.

Track 50

田中 ： 吉田さん、明日は 何が したいですか。

吉田 ： 試験が 終わりましたから、一日中 寝たいです。

　　　　田中さんは 何が したいですか。

田中 ： あたしは、ひさしぶりに 友達に 会いたいです。

吉田 ： 友達と 何が したいですか。

田中 ： 一緒に おいしい 料理が 食べたいです。

　　　　それから たくさん おしゃべりが したいです。

吉田 ： 女の人は おしゃべりが 好きですね。

田中 ： ストレス解消に いいですからね。

다나카 ： 요시다 씨, 내일은 무엇을 하고 싶습니까?
요시다 ： 시험이 끝났으니까, 하루 종일 자고 싶습니다. 다나카 씨는 무엇을 하고 싶습니까?
다나카 ： 나는 오랜만에 친구를 만나고 싶습니다.
요시다 ： 친구와 무엇을 하고 싶습니까?
다나카 ： 함께 맛있는 요리를 먹고 싶습니다. 그러고 나서 많이 이야기를 하고 싶습니다.
요시다 ： 여자는 이야기를 좋아하네요.
다나카 ： 스트레스 해소에 좋거든요.

明日(あした) 내일
試験(しけん) 시험
終(お)わる 끝나다(5단동사)
〜から 〜이므로, 〜이기 때문에
一日中(いちにちじゅう) 하루 종일
寝(ね)たい 자고 싶다
'자다(寝る) + 싶다(たい)'
あたし 나(일인칭. 여성전용)
ひさしぶりに 오랜만에
会(あ)いたい 만나고 싶다
'만나다(会う) + 싶다(たい)'
おいしい 맛있다(형용사)
料理(りょうり) 요리
食(た)べたい 먹고 싶다
'먹다(食べる) + 싶다(たい)'
それから 그러고 나서
たくさん 많이
おしゃべり 이야기, 수다
女(おんな)の人(ひと) 여자(おんな
보다 격식차린 말)
好(す)きだ 좋아하다(형용동사)
ストレス 스트레스
解消(かいしょう) 해소

たいは?

〜たいは 동사에 붙어서 '〜하고 싶다'란 뜻을 나타내는 조동사이다. 그런데 '〜을 하고 싶다'고 할 때, '〜을'에 해당하는 조사를 が를 쓴다.

映画が 見たい。 영화를 보고 싶다.

'〜를 만나다'는 〜に 会う

'〜를 만나다'라고 할 때, '〜를'에 해당하는 조사는 に를 쓴다.

友達に 会う。 친구를 만나다.

핵심 공식

35 | (1단동사) る
て

~해, ~하고, ~해서, ~하니

 **참고** て는 '~해, ~하고, ~해서, ~하니' 등의 뜻으로, '~해 주세요, ~해 드리다' 등의 말과 연결할 때 중요한 역할을 하므로 잘 익혀 두자. 1단동사에서는 마지막 글자 る를 떼고 て를 붙인다.

ex　たべる 먹다　　　　　　おきる 일어나다

　　　たべて 먹어, 먹고, 먹어서, 먹으니　　おきて 일어나, 일어나고, 일어나서, 일어나니

핵심 공식

36 | する 하다 → して 해, 하고, 해서, 하니
くる 오다 → きて 와, 오고, 와서, 오니

 **참고** 변격동사인 する와 くる는 する 자체가 し로, くる 자체가 き로 바뀐다.

핵심 공식

37 | (1단동사) る
て ください

~해 주세요

 **참고** て는 '~해, ~하고, ~해서, ~하니' 등의 뜻이고, ください는 '주세요'라는 뜻이다. 따라서 동사에 て ください를 붙이면 '~해 주세요'라는 뜻이 된다.

ex　たべてください 먹어 주세요　　　おきてください 일어나 주세요

　　　してください 해주세요　　　　　きてください 와주세요

　　　おしえてください 가르쳐 주세요　　おぼえてください 외워 주세요

16

동사(5)
て 연결(1)

이 과의 내용은 이전까지의 내용을 모두 안다는 가정 하에 만들어졌습니다. 모르는 내용이 있을 때에는 이전의 내용을 참고로 복습하시기 바랍니다.

田中：吉田さん、これを　ちょっと　お願(ねが)いします。

吉田：はい。何ですか。

田中：これを　あそこの壁(かべ)に　かけてください。

　　　それから　あれを　数(かぞ)えてください。

吉田：はい、分(わ)かりました。とても　忙(いそが)しいですね。

田中：まだ　ありますけど。

吉田：はい。なんでも　やりますよ。

田中：鈴木(すずき)さんに　カッターを　借(か)りて来てください。すみませんね。

다나카 : 요시다 씨, 이것 좀 부탁해요.
요시다 : 예. 뭐죠?
다나카 : 이것을 저기 벽에 걸어 주세요. 그리고 저것을 세어 주세요.
요시다 : 예, 알겠습니다. 무척 바쁘군요.
다나카 : 아직 있는데요.
요시다 : 예. 무엇이든 명령해 주세요.
다나카 : 스즈키 씨에게서 칼(커터)을 빌려 와 주세요. 죄송해요.

ちょっと 조금, 좀
お願(ねが)いします 부탁합니다
壁(かべ) 벽
～に ～에(장소)
かける 걸다(1단동사)
それから 그러고 나서
数(かぞ)える 세다(1단동사)
分(わ)かる 알다(5단동사)
とても 아주, 매우
忙(いそが)しい 바쁘다(형용사)
まだ 아직
ある 있다(존재동사, 5단동사)
～けど ～이지만
なんでも 무엇이든
やる 하다(5단동사)
～に ～에게서, ～로부터
カッター 커터(cutter), 칼
借(か)りる 빌리다(1단동사)
来(く)る 오다(변격동사)
すみません 미안합니다

 알아 둡시다!

～す로 끝나는 5단동사는?

～す로 끝나는 5단동사는 마지막 글자 す를 し로 바꾸고 て 또는 てください를 붙인다.

はなす 이야기하다　→　はなして 이야기해, 이야기하고, 이야기하니
　　　　　　　　　　→　はなしてください 이야기해 주세요

おす 누르다　→　おして 눌러, 누르고, 누르니　→　おしてください 눌러 주세요

まかす 맡기다　→　まかして 맡겨, 맡기고, 맡기니　→　まかしてください 맡겨 주세요

17

동사(6)
て 연결(2)

이 과의 내용은 이전까지의 내용을 모두 안다는 가정 하에 만들어졌습니다. 모르는 내용이 있을 때에는 이전의 내용을 참고로 복습하시기 바랍니다.

38 | ~う, ~つ, ~る로 끝나는 5단동사
~って ください ~해 주세요

5단동사에 て가 붙을 때에는 특별한 변화가 생긴다. 즉 5단동사 중에서 ~う, ~つ, ~る로 끝나는 것들은 마지막 글자가 촉음 っ로 바뀐 다음에 て가 붙는다.

ex　つか**う** 사용하다　　　　　　　　　は ら**う** 지불하다
　　つか**って ください** 사용해 주세요　　はら**って ください** 지불해 주세요
　　つく**る** 만들다　　　　　　　　　す わ**る** 앉다
　　つく**って ください** 만들어 주세요　　すわ**って ください** 앉아 주세요

39 | ~ぬ, ~む, ~ぶ로 끝나는 5단동사
~んで ください ~해 주세요

5단동사 중에서 ~ぬ, ~む, ~ぶ로 끝나는 것들은 마지막 글자가 ん으로 바뀐 다음에 탁점이 붙은 で가 붙는다.

ex　たのし**む** 즐기다　　　　　　　　え ら**ぶ** 고르다
　　たのし**んで ください** 즐겨 주세요　　えら**んで ください** 골라 주세요
　　し**ぬ** 죽다
　　し**んで** 죽고, 죽어, 죽어서, 죽으니
　　(~ぬ로 끝나는 동사는 이것 하나밖에 없어, 부득이 이 단어를 사용한다)

40 | ~く로 끝나는 5단동사　　　~ぐ로 끝나는 5단동사
~いて ください ~해 주세요　　~いで ください ~해 주세요

5단동사 중에서 ~く로 끝나는 것은 마지막 글자 く를 い로 바꾸고 て를 붙인다. 한편, 탁점이 붙은 ~ぐ로 끝나는 것은 마지막 글자 ぐ를 い로 바꾸고 탁점이 붙은 で를 붙인다.

ex　か**く** 쓰다　　　　　　　　　お よ**ぐ** 헤엄치다
　　か**いて ください** 써 주세요　　およ**いで ください** 헤엄쳐 주세요

田中： あのう、すみません。これは どう 使_{つか}いますか。

店員： まず、ほしい ものを 選_{えら}んでください。

それから ボタンを 押_おしてください。

田中： お金_{かね}は どう 払_{はら}いますか。

店員： あ、お金は 後_{あと}で 払ってください。

田中： ああ、そうですか。ありがとうございました。

店員： どういたしまして。では、ごゆっくり。

田中： はい、どうも。

다나카 : 저어, 실례합니다. 이것은 어떻게 사용합니까?
점 원 : 우선, 원하는 것을 골라 주세요. 그리고 나서 버튼을 눌러 주세요.
다나카 : 돈은 어떻게 지불합니까?
점 원 : 아, 돈은 나중에 지불해 주세요.
다나카 : 아아, 그렇군요. 감사합니다.
점 원 : 별말씀을요. 그럼 마음 편하게 (이용하십시오).
다나카 : 예, 고맙습니다.

알아 둡시다!

'음편'이란?

일본어의 문법 용어 중에 '음편(音便)'이라는 것이 있다. 뜻은 '음' 곧 '소리'를 '편'하게 하기 위한 것이다. 그리고 '음편'은 바로 이 과에서 배운 내용이다.

▶ ～う, ～つ, ～る로 끝난 동사는 촉음 っ로 바꾸고 て를 붙였는데, 이것은 '촉음편'이라고 한다.

▶ ～ぬ, ～む, ～ぶ로 끝난 동사는 ん으로 바꾸고 で(탁점이 붙은 것에 주의해야 한다)를 붙였는데, 이것은 '발음편'이라고 한다.

▶ ～く로 끝난 동사는 い로 바꾸고 て를 붙이고, ～ぐ로 끝난 동사는 い로 바꾸고 で(탁점 주의)를 붙였는데, 이것은 'い음편'이라고 한다.

あのう 저어(무언가를 묻거나 부탁할 때 상대의 주의를 끌기 위해 하는 말)
すみません 미안합니다, 실례합니다
これ 이것
どう 어떻게
使(つか)う 쓰다, 사용하다(5단동사)
まず 먼저
ほしい 갖고 싶다, 원하다(형용사)
もの 물건, 것
選(えら)ぶ 고르다(5단동사)
それから 그러고 나서
ボタン 버튼(button), 단추
～を ～을, ～를(목적격조사)
押(お)す 누르다, 밀다(5단동사)
お金(かね) 돈, 금전
後(あと)で 나중에
払(はら)う 지불하다, 값을 치르다(5단동사)
では 그럼, 그러면
ゆっくり 천천히, 푹, 마음 편히
どうも 정말, 참말로, 대단히

18

동사(7)
자동사와
타동사

이 과의 내용은 이전까지의 내용을 모두 안다는 가정 하에 만들어졌습니다. 모르는 내용이 있을 때에는 이전의 내용을 참고로 복습하시기 바랍니다.

41 | **자동사 +** **ている** ~해져 있다(상태), ~하고 있다(진행)

ています ~해져 있습니다(상태), ~하고 있습니다(진행)

참고 ~て는 '~하고, ~해서, ~하니'이고, いる는 '있다'이다. 이 때 いる는 1단동사이므로, ます가 붙으면 います가 된다. 자동사와 타동사의 구분은 오른쪽 페이지 아래를 참고하자.

ex ドアが 開く 문이 열리다(자동사, 5단동사)　　雨が 降る 비가 오다(자동사, 5단동사)
ドアが 開いている 문이 열려 있다(상태)　　雨が 降っている 비가 오고 있다(진행)
ドアが 開いています 문이 열려 있습니다　　雨が 降っています 비가 오고 있습니다

42 | **타동사 +** **ている** ~하고 있다(진행)

てある ~해져 있다(상태)

타동사에 ~ている가 붙으면 '지금 ~하고 있다'는 뜻의 진행을 나타내고, ~てある가 붙으면 '~해져 있다'는 상태의 뜻을 나타낸다. 한편, '자동사 + ている'의 상태는 '자연스럽게 그렇게 되어 있는 상태를 나타내는 데에 비해, '타동사 + てある'가 나타내는 상태는 '자연발생적인 것'이 아니라, '누군가가 그렇게 해 놓았다'는 뉘앙스를 갖는다.

ex ドアを 開ける 문을 열다(타동사, 1단동사)
ドアを 開けている 문을 열고 있다(진행)
ドアを 開けています 문을 열고 있습니다
ドアが 開けてある 문이 열려 있다(상태)
ドアが 開けてあります 문이 열려 있습니다 (누군가가 열어 놓았다는 뉘앙스)

*조사 が와 を의 구별에도 주의!

43 | **동사 +** **てみる** ~해 보다

てみます ~해 봅니다

참고 ~て는 '~하고, ~해서, ~하니'이고, みる는 '보다'라는 뜻이다. 합치면 '~해 보다'. 이 때 みる는 '눈으로 보다'를 뜻하는 것이 아니라 '시도'의 뜻으로 쓰인다.

ex 食べる 먹다(1단동사)　　　　　待つ 기다리다(5단동사)
食べてみる 먹어 보다　　　　　　待ってみる 기다려 보다
食べてみます 먹어 보겠습니다　　　待ってみます 기다려 보겠습니다
食べてみましょう 먹어 봅시다　　　待ってみましょう 기다려 봅시다

田中： あ、吉田さん。どうぞ、どうぞ。

吉田： 失礼<ruby>失礼<rt>しつれい</rt></ruby>します。あ、いい におい！

田中： 今<ruby>今<rt>いま</rt></ruby>、料理<ruby>料理<rt>りょうり</rt></ruby>を 作<ruby>作<rt>つく</rt></ruby>っています。ソファーに 座<ruby>座<rt>すわ</rt></ruby>って、

　　　 ちょっと 待<ruby>待<rt>ま</rt></ruby>っていてください。

吉田： はい。……きれいな写真<ruby>写真<rt>しゃしん</rt></ruby>が かけてありますね。どこですか。

田中： アルプスです。後<ruby>後<rt>うし</rt></ruby>ろに 写<ruby>写<rt>うつ</rt></ruby>っているのが モンブランです。

　　　 あ、吉田さん、これ、味<ruby>味<rt>あじ</rt></ruby>を みてください。

吉田： では、ちょっと 食<ruby>食<rt>た</rt></ruby>べてみましょうか。

다나카 : 아, 요시다 씨. 들어오세요. 들어오세요.

요시다 : 실례하겠습니다. 아~, 좋은 냄새!

다나카 : 지금 요리를 만들고 있어요. 소파에 앉아서 좀 기다리고 있어 주세요.

요시다 : 예. …… 멋진 사진이 걸려 있네요. 어디입니까?

다나카 : 알프스예요. 뒤에 찍혀 있는 것이 몽블랑이에요.

　　　　　 아, 요시다 씨, 이거 맛을 봐 주세요.

요시다 : 그럼, 좀 먹어 볼까요?

알아 둡시다!

자동사와 타동사

자동사는 목적어를 가지지 않고 주어 자체만의 움직임을 나타낸다. 타동사는 움직임의 대상이 있는 동사를 나타낸다. 예를 들어 '문이 열리다'에서 '문'은 주어이므로 '열리다'는 자동사가 되고, '문을 열다'에서 '문'은 목적어이므로 '열다'는 타동사가 된다. 다음 일본어의 자동사와 타동사의 예를 이용해 구분을 익혀 두자.

자동사: あく 열리다, かかる 걸리다, きまる 결정되다, のこる 남다, ならぶ 진열되다

타동사: あける 열다, かける 걸다, きめる 결정하다, のこす 남기다, ならべる 진열하다

어구

失礼(しつれい) 실례

におい 냄새

料理(りょうり) 요리

作(つく)**る** 만들다(5단동사)

ソファー 소파

座(すわ)**る** 앉다(5단동사)

待(ま)**つ** 기다리다(5단동사)

きれいだ 멋있다, 예쁘다, 깨끗하다(형용동사)

写真(しゃしん) 사진

かける 걸다(1단동사)

アルプス 알프스

後(うし)**ろ** 뒤, 후면

写(うつ)**る** (사진이) 찍히다

モンブラン 몽블랑(산)

味(あじ) 맛

味(あじ)**をみる** 맛을 보다

ちょっと 조금, 잠깐

食(た)**べる** 먹다(1단동사)

19

동사(8)
경험 말하기

이 과의 내용은 이전까지의 내용을 모두 안다는 가정 하에 만들어졌습니다. 모르는 내용이 있을 때에는 이전의 내용을 참고로 복습하시기 바랍니다.

44 | ~う, ~つ, ~る로 끝나는 **5단동사**
~ったことがあります ~한 적이 있습니다

 **참고** ~たことがあります는 '~한 적이 있습니다'로, 과거의 경험을 나타낸다. た는 '~했다', こと는 '일, 것', が는 '~이, ~가', あります는 '있습니다'라는 뜻인데, 합쳐져서 '~한 적이 있습니다'라는 뜻으로 쓰인다. 동사에 た가 붙을 때는 앞에서 배운 て 연결 방식과 같다. 여기에서는 복습을 겸해서 5단동사에 붙는 경우를 공식으로 익혀 두자.

ex ならう 배우다
ならったことがあります 배운 적이 있습니다

つくる 만들다
つくったことがあります 만든 적이 있습니다

45 | ~ぬ, ~む, ~ぶ로 끝나는 **5단동사**
~んだことがあります ~한 적이 있습니다

 **참고** 5단동사 중에서 ~ぬ, ~む, ~ぶ로 끝나는 것들은 마지막 글자가 ん으로 바뀐 다음에 탁점이 붙은 だ가 붙는다.

ex よむ 읽다
よんだことがあります 읽은 적이 있습니다

46 | ~く로 끝나는 **5단동사**　　~ぐ로 끝나는 **5단동사**
~いたことがあります　　~いだことがあります
~한 적이 있습니다

 **참고** 5단동사 중에서 ~く로 끝나는 것은 마지막 글자 く를 い로 바꾸고 た를 붙인다. 한편, 탁점이 붙은 ~ぐ로 끝나는 것은 마지막 글자 ぐ를 い로 바꾸고 탁점이 붙은 だ를 붙인다.

ex きく 듣다　　　きいたことがあります 들은 적이 있습니다
およぐ 수영하다　およいだことがあります 수영한 적이 있습니다

田中：吉田さんは、キムチを 食べたことがありますか。

吉田：いえ、まだ 食べたことは ありません。

田中：では、韓国へ 行ったことも ありませんね。

吉田：はい。でも、今度 ぜひ 行ってみたいです。

田中：私は 去年 行ってみましたが、とても よかったです。

吉田：あとで、いい 所を 教えてくださいね。

田中：ええ、もちろん。

다나카 : 요시다 씨는 김치를 먹어 본 적이 있습니까?
요시다 : 아니요. 아직 먹어 본 적은 없습니다.
다나카 : 그럼 한국에 간 적도 없겠네요.
요시다 : 예. 하지만 다음에 꼭 가 보고 싶어요.
다나카 : 저는 작년에 가 보았는데, 아주 좋았어요.
요시다 : 나중에 좋은 곳을 알려 주세요.
다나카 : 예, 물론이죠.

キムチ 김치
いえ 아니요(いいえ의 줄임말)
韓国(かんこく) 한국(남한을 가리킨다)
今度(こんど) 지난번, 이번, 다음번(문맥에 따라 적절하게 사용)
ぜひ 꼭, 반드시
去年(きょねん) 작년
〜が 〜한데, 〜인데, 〜하지만
よかった 좋았다(형용사 복습 부분 참조)
あとで[後で] 나중에, 후에
所(ところ) 곳, 장소
教(おし)える 가르치다(1단동사)
もちろん[勿論] 물론

 알아 둡시다!

行く에 て가 붙으면?

行くと 5단동사이다. 따라서 이 동사에 て가 붙으면 음편을 일으킨다. 이 때 마지막 글자가 〜く로 끝난 동사는 く가 い로 바뀌고 て가 붙어야 옳지만, 行く는 예외적으로 촉음편(っ)을 한다. 따라서 行って가 된다.

行く(가다) → 行きます(갑니다) → 行って(가고, 가니, 가서) → 行ってみる(가 보다)

みる(보다) → みたい(보고 싶다)

行ってみたい(가 보고 싶다) → 行ってみたいです(가 보고 싶습니다)

20

동사(9)
주고받기 표현

이 과의 내용은 이전까지의 내용을 모두 안다는 가정 하에 만들어졌습니다. 모르는 내용이 있을 때에는 이전의 내용을 참고로 복습하시기 바랍니다.

47 | 동사 + て あげる(あげます)
(내가 남에게) ～해 주다(～해 줍니다)

てあげる의 て는 '～하고, ～해서, ～하니'이고, あげる는 '주다'란 뜻의 1단동사이다. 우리 말에서는 내가 남에게 주거나 남이 나에게 주거나 모두 '주다'를 사용하는데, 일본어에서는 내가 남에게 줄 때와 남이 나에게 줄 때의 단어가 다르다.

ex
おしえる 가르치다(1단동사)　　　　かう 사다(5단동사)
おしえてあげる 가르쳐 주다　　　　かってあげる 사주다
おしえてあげます 가르쳐 줍니다　　かってあげます 사줍니다

48 | 동사 + て くれる(くれます)
(남이 나에게) ～해 주다(～해 줍니다)

てあげる가 내가 남에게 주는 표현이라면, てくれる는 남이 나에게 주는 표현이다. くれる 역시 '주다'란 뜻의 1단동사이다.

ex
おしえる 가르치다(1단동사)　　　　おしえてくれる 가르쳐 주다
おしえてくれます 가르쳐 줍니다
先生が　私に　教えてくれます。 선생님이 저에게 가르쳐 줍니다.
私は　友達に　教えてあげます。 나는 친구에게 가르쳐 줍니다.

49 | 동사 + て もらう(もらいます)
(남에게서) ～해 받다(～해 받습니다)

もらう는 '받다'란 뜻의 5단동사. 따라서 てもらう하면 '(남에게서) ～해 받다'란 뜻.

ex
おしえる 가르치다(1단동사)　　　　おしえてもらう 가르쳐 받다
おしえてもらいます 가르쳐 받습니다

それは　先生から　教えてもらいました。
그것은 선생님으로부터 가르쳐 받았습니다.(= 그것은 선생님께서 가르쳐 주었습니다.)

吉田 ： こんにちは。

田中 ： あ、吉田さん、こんにちは。

吉田 ： あれ？ それ、何ですか。運_{はこ}んであげましょうか。

田中 ： あ、運んでくれるんですか。どうも ありがとう。

吉田 ： いいえ。そのかわり、コーヒー、おごってくださいね。

田中 ： はい。コーヒーでもなんでも いいですよ。

吉田 ： で、これ、全部_{ぜんぶ} 買_かったんですか。

田中 ： いいえ。韓国_{かんこく}の友達_{ともだち}から 送_{おく}って もらいました。

요시다 : 안녕하세요.
다나카 : 아, 요시다 씨, 안녕하세요.
요시다 : 어? 그거 뭐예요? 옮겨 드릴까요?
다나카 : 어머, 옮겨 주시겠어요? 정말 고마워요.
요시다 : 아니에요. 대신에 커피 사 주는 거죠?
다나카 : 예. 커피든 뭐든 좋아요.
요시다 : 그런데 이거 다 쇼핑한 건가요?
다나카 : 아니에요. 한국 친구에게서 보내 받았어요.
　　　　　 (= 한국 친구가 보내 주었어요.)

あれ 어라?(놀랐을 때의 감탄사)

運(はこ)ぶ (짐이나 물건 따위를) 옮기다(5단동사)

そのかわり 그 대신에

コーヒー 커피

おごる 한턱내다

〜でも 〜(이)든지, 〜라도

なんでも 뭐든지, 무엇이든지

いい 좋다(형용사)

で 그런데(ところで의 줄임말)

全部(ぜんぶ) 전부, 모두

買(か)う 사다(5단동사)

韓国(かんこく) 한국

友達(ともだち) 친구

送(おく)る 보내다(5단동사)

알아 둡시다!

運んでくれる**ん**ですか。
買った**ん**ですか。

이 때의 ん은 の가 변형된 형태로 '~것'이란 뜻이다. 따라서 직역하면 '옮겨 주는 것입니까?'와 '산 것입니까?'가 된다. 이 때의 ん의 역할은 강조하거나 설명하는 뉘앙스를 준다.

50 동사 + ても いいです
~해도 좋습니다

 て는 '~해, ~하고, ~해서, ~하니', も는 '~도'. 둘을 합치면 '~해도'이다. いい는 형용사에서 배운 단어로, '좋다'란 뜻. 따라서 '~해도 좋다'란 뜻이 된다.

ex たべる 먹다(1단동사)

たべてもいいです 먹어도 좋습니다

たべてもいいですか 먹어도 됩니까?

51 동사 + ては いけない(いけません)
~해서는 안 된다(안 됩니다)

 て는 앞에서 배운 '~해, ~하고, ~해서, ~하니'이고, は는 '~은, ~는'이란 뜻의 조사. 이 둘을 합치면 '~해서는'. いけない는 '안 된다'라는 뜻.

ex のむ 마시다(5단동사. 음편)

のんではいけない 마셔서는 안 된다

のんではいけません 마셔서는 안 됩니다

52 동사 기본형 + 명사

 동사 뒤에 명사가 올 때는 동사의 모양이 바뀌지 않는다. 즉 기본형과 똑같은 형태를 쓴다는 뜻이다. 단, 동사 뒤에 명사를 받을 때에는 '동사의 연체형'이라고 부른다.

ex いく 가다(5단동사)　　　　　のむ 마시다(5단동사)

行く 人(ひと) 가는 사람, 갈 사람　　飲む 人(ひと) 마시는 사람, 마실 사람

일본어 동사는 현재형으로 미래 표현을 대신한다.

吉田 :　写真 撮りますね。はい、チーズ！

田中 :　ありがとう。

警備員 :　あのう、すみませんが、ここで写真を撮ってはいけません。

吉田 :　あ、そうですか。すみません。

田中 :　では、あそこでは 写真を 撮っても いいですか。

警備員 :　あそこなら、いいですよ。

吉田 :　どうも 失礼しました。

요시다 : 사진 찍어요. 자, 치즈!
다나카 : 고마워요.
경비원 : 저어, 죄송합니다만, 여기에서 사진을 찍어서는 안 됩니다.
요시다 : 아, 그렇습니까? 죄송합니다.
다나카 : 그럼, 저기에서는 사진을 찍어도 되나요?
경비원 : 저기라면 괜찮습니다.
요시다 : 정말 실례했습니다.

写真(しゃしん) 사진
撮(と)る 찍다(5단동사)
チーズ 치즈. 사진을 찍을 때 웃으라는
뜻으로 하는 말('김치~' 정도에 해당)
あのう 저어(남에게 말을 붙일 때 쓰는 말)
すみません 미안합니다, 죄송합니다,
실례합니다
～が ～이지만(역접조사)
ここ 여기, 이곳
～で ～에서(장소)
では 그렇다면, 그럼
あそこ 저기, 저곳
～では 에서는
～なら ～라면(가정)
どうも 정말, 참으로
失礼(しつれい) 실례
しました 했습니다

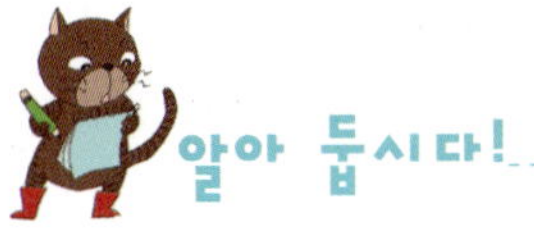

허가 표현에 대해

(1) これ、食べても いいですか。　이거, 먹어도 됩니까?

(2) これ、食べて いいですか。　이거, 먹어도 됩니까?

위 두 문장의 차이는? 물론 (1)번은 ても이고, (2)번은 て만 쓰였다. 그렇다고 (2)번의 문장이 틀린 것은 아니다. 그런데 이 둘은 약간의 뉘앙스 차이가 있다.

(1)번 문장은 왠지 먹어서는 안 될 것 같은 상황에서 물어보는 것이고, (2)번 문장은 먹어도 아무 상관 없지만, 확인차 물어보는 정도의 뉘앙스를 가진다.

22

동사(11)
부정 표현

이 과의 내용은 이전까지의 내용을 모두 안다는 가정 하에 만들어졌습니다. 모르는 내용이 있을 때에는 이전의 내용을 참고로 복습하시기 바랍니다.

53 | (1단동사) **る**
　　　　　ない/なければなりません

〜지 않다 / 〜지 않으면 안 됩니다

ない는 '〜지 않다'란 뜻인데, 동사 뒤에 붙어서 부정을 나타낸다. 이것이 1단동사에 붙을 때는 1단동사의 마지막 글자 る가 빠진다. なければなりません은 ない가 여러 변화를 거쳐서 만들어진 말인데, 하나의 단어처럼 암기해 두자. 뜻은 '〜지 않으면 안 됩니다'.

ex おき**る** 일어나다　　　　　　　おき**ない** 일어나지 않다
おき**なければなりません** 일어나지 않으면 안 됩니다

54 | (5단동사) **ウ段**
　　　　　ア段 ない/なければなりません

〜지 않다 / 〜지 않으면 안 됩니다

5단동사에서는 마지막 글자 ウ段의 글자를 ア段의 글자로 바꾸고 ない를 붙인다. なければなりません은 なくてはなりません과 같은 뜻인 '〜지 않으면 안 됩니다'이다. 이 또한 하나의 단어처럼 외워 두자.

ex の**む** 마시다　　　　　　　　　の**まない** 마시지 않는다
の**まなくてはなりません** 마시지 않으면 안 됩니다

55 | **する** 하다 → **しない** 하지 않는다 → **しないでください** 하지 말아 주세요
　　　くる 오다 → **こない** 오지 않는다 → **こないでください** 오지 말아 주세요

변격동사인 する와 くる는 する 자체가 し로, くる 자체가 こ로 바뀐다. ないでください는 ない가 여러 변화를 거쳐서 만들어진 말인데, 하나의 단어처럼 암기해 두자. 뜻은 '〜지 말아 주세요'.

ex おき**る** 일어나다　　　　　　　の**む** 마시다
おき**ないでください**　　　　　　の**まないでください**
일어나지 말아 주세요　　　　　　마시지 말아 주세요

田中 ： 吉田さん、これで いいですか。

吉田 ： いえ、それは あそこに 置(お)かなければなりません。

田中 ： では、あれも あそこに 置かなければなりませんか。

吉田 ： いえ、あれは、あそこには 置かないでください。

田中 ： では、どこに 置きますか。

吉田 ： あれは、右側(みぎがわ)の壁(かべ)に かけなくてはなりません。

田中 ： はい。あら！ もう こんな時間(じかん)！ 急(いそ)がなくてはなりませんね。

다나카 ： 요시다 씨, 이렇게 하면 됩니까?
요시다 ： 아니요. 그것은 저기에 두어야 합니다.
다나카 ： 그럼, 저것도 저기에 두어야 합니까?
요시다 ： 아니요. 저것은 저기에는 두지 말아 주세요.
다나카 ： 그럼 어디에 둡니까?
요시다 ： 저것은 오른쪽 벽에 걸어야 합니다.
다나카 ： 예. 어머! 벌써 시간이 이렇게 됐네! 서둘러야겠네요.

これで 이것으로, 이것이면,
이렇게 하면
～に ～에(장소)
置(お)く 놓다, 두다(5단동사)
右側(みぎがわ) 오른쪽
壁(かべ) 벽
かける 걸다(1단동사)
もう 벌써, 이미
こんな 이런
時間(じかん) 시간
急(いそ)ぐ 서두르다(5단동사)

 알아 둡시다!

～う로 끝나는 5단동사에 ない가 붙으면?

5단동사에서는 마지막 글자 ウ段이 ア段으로 바뀌고 ない가 붙는다. 그렇다면, ～う로 끝나는 5단동사는 あ로 바뀌고 ない가 붙어야 하는데, 실제로는 다음과 같이 바뀐다.

あう 만나다(5단동사)   かう 사다(5단동사)
ああない(×)   かあない(×)

あわない 만나지 않다   かわない 사지 않다

23

동사(12)
가정 · 의지

56 (모든 동사) ウ段
    工段 ば

〜하면

참고 동사(1단, 5단을 가리지 않음)의 마지막 글자 **ウ段**의 글자를 **工段**의 글자로 바꾸고 **ば**를 붙인다. **ば**는 가정을 나타내는 '〜면'이라는 뜻. 이 때, **ば**가 붙기 전 단계의 형태를 '동사의 가정형'이라고 한다.

ex
いく 가다(5단동사)　　　みる 보다(1단동사)　　　する 하다(변격동사)
いけば 가면　　　みれば 보면　　　すれば 하면

57 (5단동사) ウ段
    才段 う

〜하자, 〜해야지, 〜하려고

참고 5단동사의 마지막 글자 **ウ段**의 글자를 **才段**의 글자로 바꾸고 **う**를 붙인다. **う**가 붙기 전 단계의 형태를 '동사의 의지형'이라고 한다.

ex
よむ 읽다　　　いく 가다
よもう 읽자, 읽어야지, 읽으려(고)　　　いこう 가자, 가야지, 가려(고)

58 (1단동사) る
    よう

〜해야지, 〜하려고

참고 1단동사의 마지막 글자 **る**를 없애고 **よう**를 붙인다. **よう**가 붙기 전 단계의 형태를 '동사의 의지형'이라고 한다.

ex
たべる 먹다　　　みる 보다
たべよう 먹어야지, 먹으려(고)　　　みよう 봐야지, 보려(고)

田中：吉田さん、これから どう する つもりですか。

吉田：とりあえず、上野_{うえの}まで 行こうと 思_{おも}います。

　　　そこで 乗_のり 換_かえれば いいですよね。

田中：あ、それが 一番_{いちばん} 速_{はや}いですよね。

吉田：ところで、田中さんは どう しますか。

田中：私は まず 博物館_{はくぶつかん}を 見物_{けんぶつ}しようと 思います。

吉田：では、3時に また ここで 会えば いいですね。

田中：はい、そうですね。じゃ、出発_{しゅっぱつ}！

다나카 : 요시다 씨, 이제부터 어떻게 할 예정입니까?
요시다 : 우선 우에노까지 가려고 합니다. 거기에서 갈아타면 되겠죠?
다나카 : 아, 그것이 가장 빠르겠네요.
요시다 : 그런데, 다나카 씨는 어떻게 할 겁니까?
다나카 : 저는 우선 박물관을 구경하려고 합니다.
요시다 : 그럼 3시에 다시 여기에서 만나면 되겠네요.
다나카 : 예, 그렇죠. 그럼, 출발!

これから	이제부터, 지금부터
どう	어떻게
つもり	예정, 작정
とりあえず	우선, 먼저
上野(うえの)	우에노(지명)
～まで	～까지
そこで	거기에서
乗(の)り換(か)える	갈아타다(1단동사)
一番(いちばん)	가장, 제일
速(はや)い	빠르다(형용사)
ところで	그런데
まず	우선
博物館(はくぶつかん)	박물관
見物(けんぶつ)する	구경하다
～と	～라고
思(おも)う	생각하다(5단동사)
また	또, 다시
会(あ)う	만나다(5단동사)
出発(しゅっぱつ)	출발

알아 둡시다!

する와 くる의 의지표현은?

する 하다 → しよう 해야지, 하려(고)

　まず、博物館_{はくぶつかん}を 見物_{けんぶつ}しようと思います。 우선 박물관을 구경하려고 생각합니다.

くる 오다 → こよう 와야지, 오려(고)

　明日 また こようと思います。 내일 또 오려고 생각합니다.

24

동사(13)
가능 표현

59 | **동사 기본형 +** ことができる
~할 수 있다

동사의 기본형에 ことができる를 붙이면 가능 표현을 만들 수 있다. こと는 '것, 일', が는 '~이, ~가', できる는 '할 수 있다'로, 합치면 '~것이 할 수 있다'란 뜻이다. 따라서 '먹다'를 대입하면 '먹는 것을 할 수 있다', 즉 '먹을 수 있다' 식으로 해석되는 것이다.

ex
たべる 먹다(1단동사)	たべる ことができる 먹을수있다
うごく 움직이다(5단동사)	うごく ことができる 움직일수있다
する 하다(변격동사)	する ことができる 할수있다

できる는 1단동사이므로, ます를 붙이면 できます가 된다.

60 | (5단동사) ウ段
エ段 る
~할 수 있다

5단동사의 마지막 글자 ウ段의 글자를 エ段의 글자로 바꾸고 る를 붙인다.

ex
よむ 읽다	うたう 노래하다
よめる 읽을수있다	うたえる 노래할수있다
よめます 읽을수있습니다	うたえます 노래할수있습니다

5단동사가 가능동사가 되면, 형태로는 1단동사가 되므로, よめる와 うたえる의 마지막 글자 る가 빠지고 ます가 붙는다.

61 | する 하다 → できる 할수있다 → できます 할수있습니다
くる 오다 → こられる 올수있다 → こられます 올수있습니다

ex
私は テニスが できます。 나는 테니스를 할수있습니다.(칠 수 있습니다.)
私は 明日まで こられます。 나는 내일까지 올수있습니다.

吉田： 田中さんは　韓国語（かんこくご）が　読（よ）めますか。

田中： ええ、読めますが、何でしょう。

吉田： これ、ちょっと　教（おし）えてください。

田中： あ、韓国の　歌（うた）ですね。いいですよ。

吉田： 韓国語は　読めませんけど、韓国の　歌が　歌（うた）いたいんです。

田中： では、これを　アルファベットに　直（なお）しましょう。

吉田： お願（ねが）いします。これで　歌えますね。

요시다 : 다나카 씨는 한국어를 읽을 수 있습니까?
다나카 : 예, 읽을 수 있습니다만, 왜요?
요시다 : 이거 좀 가르쳐 주세요.
다나카 : 아! 한국 노래군요. 좋아요.
요시다 : 한국어는 읽을 수 없지만, 한국 노래를 부르고 싶어요.
다나카 : 그럼 이것을 알파벳으로 바꾸죠.
요시다 : 부탁합니다. 이렇게 하면 부를 수 있겠네요.

韓国語(かんこくご) 한국어
読(よ)む 읽다(5단동사)
ええ 예(はい보다 친근한 말)
〜が 〜이지만, 〜인데
ちょっと 좀, 조금
教(おし)える 가르치다(1단동사)
韓国(かんこく) 한국
歌(うた) 노래
いい 좋다(형용사)
〜けど 〜이지만, 〜하지만
歌(うた)う 노래하다,
부르다(5단동사)
アルファベット 알파벳
〜に 〜으로
直(なお)す 고치다(5단동사)
お願(ねが)いします 부탁합니다
これで 이것으로, 이렇게 하면

가능형에는 조사 が를 쓴다!

동사를 가능표현으로 할 때, '〜을 할 수 있다'에서 '〜을, 〜를'에 해당하는 조사는 が를 쓴다. 아래 예문을 통해 잘 익혀 두자.

韓国語（かんこくご）が　話（はな）せますか。한국어를 말할 수 있습니까?

日本語（にほんご）が　読（よ）めますか。일본어를 읽을 수 있습니까?

テニスが　できますか。테니스를 할 수 있습니까?

25

조동사
수동 · 사역

62 (5단동사) ウ段

ア段 れる ~당하다(수동)

ア段 せる ~시키다(사역)

참고 れる는 5단동사에 붙어서 수동의 뜻을 나타낸다. 우리말의 예를 들면 '밀다 → 밀리다. 밟다 → 밟히다' 식으로 뜻이 변한다. せる는 5단동사에 붙어서 사역의 뜻을 나타낸다. 우리말의 예를 들면 '가다 → 가게 시키다, 읽다 → 읽게 하다' 식으로 뜻이 변한다. 5단동사의 마지막 글자 ウ段의 글자를 ア段의 글자로 바꾸고 れる 또는 せる를 붙인다.

ex ふむ 밟다 　　　　　いく 가다
ふまれる 밟히다 　　　　いかせる 가게 하다
ふまれます 밟합니다 　　いかせます 가게 합니다

63 (1단동사) る

られる ~당하다(수동)

させる ~시키다(사역)

ex たべる 먹다 　　　　　　みる 보다
たべられる 먹히다 　　　　みさせる 보게 하다
たべられます 먹합니다 　　みさせます 보게 합니다

する 하다 　　　　　　　くる 오다
される 당하다 　　　　　こられる 옴을 당하다
させる 시키다 　　　　　こさせる 오게 하다

64 동사 + て + た + たり

~하고　~했다　~하거나

참고 たり는 동사에 접속할 때 て나 た가 붙을 때와 같은 방식을 취한다. 즉 음편을 한다.

ex たべる 먹다 → たべて 먹고 → たべたり 먹거나
なく 울다 　→ ないて 울고 → ないたり 울거나
よむ 읽다 　→ よんで 읽고 → よんだり 읽거나
かう 사다 　→ かって 사고 → かったり 사거나
する 하다 　→ して 하고 　→ したり 하거나

吉田：田中さん、この前の　ボランティア活動（かつどう）は　どうでしたか。

田中：やりがいが　あって、とても　よかったです。

吉田：でも、大変（たいへん）でしょう。

田中：ええ、子供（こども）に　泣（な）かれたり、服（ふく）を　汚（よご）されたり……。

吉田：普通（ふつう）、どんな　ことを　しますか。

田中：ご飯（はん）を　食（た）べさせたり、勉強（べんきょう）させたり、いろいろ　ありますね。

吉田：今度（こんど）は　僕（ぼく）も　参加（さんか）させてくださいね。

田中：ほんとうですか。わあ、嬉（うれ）しい！

요시다 : 다나카 씨, 일전의 자원봉사활동은 어땠어요?
다나카 : 하는 보람이 있어서 아주 좋았어요.
요시다 : 그래도 힘들죠?
다나카 : 예, 아이가 울기도 하고, 옷이 더럽혀지기도 하고…….
요시다 : 보통 어떤 일을 하죠?
다나카 : 밥을 먹이거나 공부시키거나, 여러 가지가 있어요.
요시다 : 다음에는 나도 함께 하게 해 주세요.
다나카 : 정말요? 와아! 좋아라!

この前(まえ) 일전, 요전
ボランティア 자원봉사자
活動(かつどう) 활동
やりがい 하는 보람
大変(たいへん)だ 큰일이다(형용동사)
子供(こども) 아이, 어린이
泣(な)く 울다(5단동사)
〜たり (동사에 붙어) 〜하거나
服(ふく) 옷, 의복
汚(よご)す 더럽게 하다(5단동사)
普通(ふつう) 보통
どんな 어떤
こと 것, 일
ご飯(はん) 밥
食(た)べる 먹다(1단동사)
勉強(べんきょう)する 공부하다(변격동사)
いろいろ 여러 가지
ある 있다(5단동사)
今度(こんど) 지난번, 이번, 다음번(경우에 따라 여러 의미로 쓰임)
参加(さんか)する 참가하다
ほんとう 정말, 참말
嬉(うれ)しい 기쁘다(형용사)

MEMO
MEMO

초·중급편

26

명사(1)
지시대명사의
변형

字(じ) 글자, 글씨
書(か)く 쓰다, 적다(5단동사)
会社(かいしゃ) 회사
必要(ひつよう)だ 필요하다(형용동사)
言(い)い方(かた) 말투, 표현

65 지시대명사는 아니지만, 지시대명사와 관련된 표현을 알아 두어야 한다.

こ	そ	あ	ど
このように 이렇게	そのように 그렇게	あのように 저렇게	どのように 어떻게
このような 이런	そのような 그런	あのような 저런	どのような 어떤
こういう 이런	そういう 그런	ああいう 저런	どういう 어떤
こういった 이런	そういった 그런	ああいった 저런	どういった 어떤
こうした 이런	そうした 그런	ああした 저런	どうした 어떤
こんなふうな 이런	そんなふうな 그런	あんなふうな 저런	どんなふうな 어떤

ex この字はこのように書いてください。 이 글자는 이렇게 써 주세요.

この会社にはああいう人が必要です。 이 회사에는 저런 사람이 필요합니다.

66 기타 관련 표현들도 잘 익혀 두자.

こんなふうに 이런 식으로	こういうふうな 이런
そんなふうに 그런 식으로	そういうふうな 그런
あんなふうに 저런 식으로	ああいうふうな 저런
どんなふうに 어떤 식으로	どういうふうな 어떤

ex この体操はあんなふうにするのです。 이 체조는 저런 식으로 하는 겁니다.

そういうふうな言い方はしないでください。
그런 표현은 하지 말아 주세요.

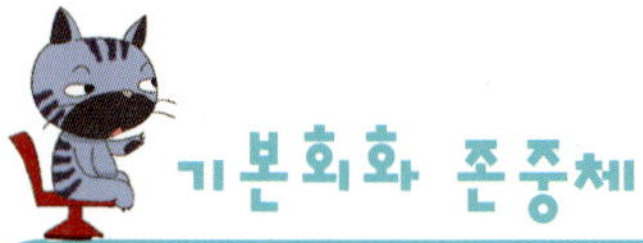 

Track 61

すずき
鈴木： 石原さん、これはどのようにするのですか。

石原： どれですか。

鈴木： こんなに曲がっているところですよ。

石原： あ、それはこういうふうにするのですよ。ほら、このようにね。

鈴木： へえ、こんなに簡単だったのですか。ありがとうございます。

石原： どういたしまして。

스즈키　：이시하라 씨, 이것은 어떻게 하는 겁니까?
이시하라：어느 것 말입니까?
스즈키　：이렇게 구부러져 있는 곳 말입니다.
이시하라：아, 그것은 이런 식으로 하는 겁니다. 보세요, 이렇게요.
스즈키　：어머, 이렇게 간단한 것이었군요. 고맙습니다.
이시하라：별말씀을요.

曲(ま)がる 구부러지다, 비뚤어지다
ところ 곳, 장소
よ 문장 끝에 붙여 강조 또는 상대가 모르는 사실을 가르쳐 주는 느낌을 준다
ほら 상대의 주의를 환기시키는 말. 봐, 자
ね 문장 끝에 붙여 가벼운 영탄 또는 다짐 등을 나타낸다. 특히 내 생각과 상대의 생각이 같다는 느낌을 줄 때 쓴다
へえ 감탄, 놀람, 의아, 어이없음을 나타내는 소리
簡単(かんたん)だ 간단하다(형용동사)
いや 아니(= いいえ)
べつに 별로, 특별히, 각별히(뒤에 부정어가 딸린다)

鈴木： 石原君、これ、どのようにするの。
石原： どれ？
鈴木： こんなに曲がっているところよ。
石原： あ、それはこういうふうにするんだ。ほら、このようにね。
鈴木： へえ、こんなに簡単だったの？ ありがとう。
石原： いや、べつに。

스즈키　：이시하라, 이거 어떻게 해?
이시하라：어느 거?
스즈키　：그렇게 구부러져 있는 곳 말야.
이시하라：아, 그것은 이런 식으로 하는 거야. 봐, 이렇게 말야.
스즈키　：어머, 이렇게 간단했어? 고마워.
이시하라：뭐, 고맙긴.

27

명사(2)
의문대명사

| 67 | 의문대명사와 관련된 다양한 표현들을 잘 익혀 두자. |

何(なに) | 何(なん)
何が 무엇이 | 何の 무슨
何を 무엇을 | 何という 무엇이라는
何も 아무것도 | 何回 몇 번(회)
何か 무언가 | 何人 몇 명
何で 무엇으로 | 何で 왜, 어째서

ex 彼の行動には何の理由がありますか。 그의 행동에는 무슨 이유가 있습니까?

何でそんなことをしましたか。 왜 그런 일을 했습니까?

| 68 | 기타 다른 표현들도 잘 익혀 두자. |

なんとか 어떻게든
なんとかして 어떻게 해서든
なんだか 왠지
なんとも 뭐라고도, 어떻게도
なんとなく 왠지
なんといっても 뭐라고 해도
なんだ 뭐야

ex なんとか成功できるように頑張ります。

어떻게든 성공할 수 있도록 노력하겠습니다.

あぶない！なんとなくそんな感じがする。

위험하다! 왠지 그런 느낌이 든다.

行動(こうどう) 행동
理由(りゆう) 이유
成功(せいこう) 성공
できる 할 수 있다
～ように ～하도록
頑張(がんば)る 노력하다, 분발하다
あぶない 위험하다
感(かん)じ 느낌
感じがする(느낌이 들다)

Track 62

鈴木： 石原さんは、今、何が一番ほしいですか。

石原： 私ですか。ん～、今は何もほしいものはありませんけど。

鈴木： そんなことないでしょう。きっと何かほしいものが
あるでしょう。ちゃんと考えてみなさいよ。

石原： 何がほしいかなあ。あ、そうだ！ 今、お腹がへっていますね。

鈴木： 石原さんのばか！

스즈키 ：이시하라 씨는 지금 무엇을 가장 원하세요?
이시하라 ：저 말입니까? 음……, 지금은 아무 것도 원하는 것은 없습니다만.
스즈키 ：설마요! 분명 뭔가 원하는 것이 있겠죠. 잘 생각해보세요.
이시하라 ：뭐가 있을까? 아, 맞다! 지금 배가 고프네요.
스즈키 ：이시하라 씨는 바보야!

기본회화 보통체

鈴木： ね、今、何が一番ほしい？
石原： 僕？ ん～、今は何もほしいものはないんだけど。
鈴木： うっそ！ きっと何かほしいものあるよ。ちゃんと考えてみてよ。
石原： 何がほしいかなあ。あ、そうだ！ 今、腹がへってるね。
鈴木： 石原のばか！

스즈키 ：있잖아, 지금 무엇을 가장 원해?
이시하라 ：나? 음음……, 지금은 아무것도 원하는 것은 없는데.
스즈키 ：설마! 분명 뭔가 원하는 게 있어, 잘 생각해 봐.
이시하라 ：뭐가 있을까? 아, 맞다! 지금 배가 고픈걸.
스즈키 ：이시하라는 바보야!

今(いま) 지금
一番(いちばん) 가장, 제일
ほしい 갖고 싶다, 원하다
～けど ～이지만, ～인데
ない 없다
きっと 반드시, 꼭, 분명
ちゃんと 잘, 정확하게
考(かんが)える 생각하다(1단동사)
～てみなさい ～해 보세요
そうだ！ 맞다!
お腹(なか) 배(신체)
へる 줄다. お腹がへる(배가 고프다)
ばか 바보

 알아둡시다!

ね

호칭방법의 하나로 본문에서는 石原를 부르는 것이다. 하지만 친구나 손아랫사람에게는
쓸 수 있으나 손윗사람에게는 쓸 수 없다.

28

명사(3)
조수사

69 첫걸음에서 익혔던 조수사 외에 일상생활에 필요한 다양한 조수사들을 잘 익혀 두자.

	일반적인		시간 중에서	나이	물이나 술의	신발·양말
	갯수	~개월(ヶ月)	~초(秒)	~살(歳)	~잔(杯)	~켤레(足)
1	ひとつ 하나	いっかげつ 1개월	いちびょう 1초	いっさい 한살	いっぱい 한잔	いっそく 한 켤레
2	ふたつ 둘	にかげつ 2개월	にびょう 2초	にさい 두살	にはい 두잔	にそく 두 켤레
3	みっつ 셋	さんかげつ 3개월	さんびょう 3초	さんさい 세살	さんばい 석잔	さんぞく 세 켤레
4	よっつ	よんかげつ	よんびょう	よんさい	よんはい	よんそく
5	いつつ	ごかげつ	ごびょう	ごさい	ごはい	ごそく
6	むっつ	ろっかげつ	ろくびょう	ろくさい	ろっぱい	ろくそく
7	ななつ	ななかげつ	ななびょう	ななさい	ななはい	ななそく
8	やっつ	はっかげつ	はちびょう	はっさい	はっぱい	はっそく
9	ここのつ	きゅうかげつ	きゅうびょう	きゅうさい	きゅうはい	きゅうそく
10	とお	じゅっかげつ	じゅうびょう	じゅっさい	じゅっぱい	じゅっそく
몇	いくつ 몇개	なんかげつ 몇 개월	なんびょう 몇초	なんさい 몇살	なんばい 몇잔	なんそく 몇 켤레

	순서·번호	자동차·기계	회차	층수	책이나 노트	집·건물
	~번(番)	~대(台)	~회(回)	~층(階)	~권(冊)	~채(軒)
1	いちばん 1번	いちだい 한대	いっかい 1회	いっかい 1층	いっさつ 한권	いっけん 한채
2	にばん 2번	にだい 두대	にかい 2회	にかい 2층	にさつ 두권	にけん 두채
3	さんばん 3번	さんだい 세대	さんかい 3회	さんがい 3층	さんさつ 세권	さんげん 세채
4	よんばん	よんだい	よんかい	よんかい	よんさつ	よんけん
5	ごばん	ごだい	ごかい	ごかい	ごさつ	ごけん
6	ろくばん	ろくだい	ろっかい	ろっかい	ろくさつ	ろっけん
7	ななばん	ななだい	ななかい	ななかい	ななさつ	ななけん
8	はちばん	はちだい	はっかい	はっかい	はっさつ	はっけん
9	きゅうばん	きゅうだい	きゅうかい	きゅうかい	きゅうさつ	きゅうけん
10	じゅうばん	じゅうだい	じゅっかい	じゅっかい	じゅっさつ	じゅっけん
몇	なんばん 몇번	なんだい 몇대	なんかい 몇 회	なんかい 몇 층	なんさつ 몇 권	なんげん 몇 채

サム：日本に来てもう３月ですね。

鈴木：「３月」じゃなくて「３ヶ月」ですよ。

サム：日本語では、そんなところが難しいですよ。

鈴木：そうですね。外国人にとって、日本語のものの数え方は、
本当に難しいですね。

サム：そうですよ。大体は、一つ、二つで済ませているのです。

鈴木：「本、杯、歳、冊、足」いろいろありますからね。

샘	: 일본에 온 지 벌써 3월이네요.
스즈키	: 3월이 아니라 3개월이에요.
샘	: 일본어에서는 그런 점이 어려워요.
스즈키	: 그렇죠. 외국인에게 있어서 일본어의 세는 법은 정말 어렵죠.
샘	: 맞아요. 대부분은 하나, 둘로 해결하고 있죠.
스즈키	: 자루, 잔, 살, 권, 켤레 여러 가지가 있으니까요.

 기본회화 보통체

サム： 日本に来てもう３月だね。

鈴木： 「３月」じゃなくて「３ヶ月」だよ。

サム： 日本語では、そんなところが難しいよ。

鈴木： そうね。外国人にとって、日本語のものの数え方は、
本当に難しいね。

サム： そう。大体は、一つ、二つで済ませているけどね。

鈴木： 「本、杯、歳、冊、足」いろいろあるからね。

샘	: 일본에 온 지 벌써 3월이네.
스즈키	: 3월이 아니라 3개월이야.
샘	: 일본어에서는 그런 점이 어려워.
스즈키	: 그렇지. 외국인에게 있어서 일본어의 세는 법은 정말 어려워.
샘	: 맞아. 대부분은 하나, 둘로 해결하고 있지만 말야.
스즈키	: 자루, 잔, 살, 권, 켤레 여러 가지가 있으니까.

もう 이미, 벌써
～じゃなくて ～이 아니라
ところ 곳, 장소, 점, 부분
難(むずか)しい 어렵다(형용사)
～にとって ～에게 있어서
もの 것, 사물
数(かぞ)え方(かた) 세는 법
本当(ほんとう)に 정말로
大体(だいたい) 대체, 대개
済(す)ませる 끝내다, 해결하다
いろいろ 여러 가지
～から ～이기 때문에

29

명사(4)
형식명사
こと

70 '형식명사'란 혼자서 말을 이루지 못하는 것으로, 반드시 다른 말과 결합해야 뜻을 이룬다. 곧 다른 말과 어떻게 결합하느냐에 따라 뜻이 여러 가지로 나타나므로, 그 뜻을 정의하기가 매우 어렵다. 따라서 여러 상황을 접하는 경험을 쌓음으로써 적절한 사용법을 익히게 될 것이다. 여기에서는 형식명사의 대표격인 こと에 대해 그것이 어떻게 쓰이는지 대강의 쓰임을 익힌다.

こと

우리말로 '일, 것, 경우, 때, 사실, 사정' 등의 뜻으로 쓰이는 경우가 많다.

- こと로 문장을 마칠 때 : ~할 것!(명령 또는 지시)
- ことだ로 문장을 마칠 때 : ~해야 한다(당위, 강조)
- 동사 기본형 + ことがある : ~하는 경우가 있다
- 동사 기본형 + ことはない : ~하는 경우는 없다
- 동사 기본형 + ことになる : ~하게 되다
- 동사 기본형 + ことにする : ~하기로 하다
- 동사 기본형 + ことができる : ~할 수 있다
- 동사 た형 + ことがある : ~한 적(경험)이 있다

ex 緊張してことの成り行きを見ていた。
긴장하고 일의 되어가는 상황을 보고 있었다.

このことは、誰にも言わないこと！
이 일은 누구에게도 말하지 말 것!

彼は時々遅刻することがある。
그는 때때로 지각하는 일이 있다.

私も一緒に行くことになる。
나도 함께 가게 된다.

私も一緒に行くことにする。
나도 함께 가기로 한다.

誰でも成功することができる。
누구라도 성공할 수 있다.

前に日本語を勉強したことがある。
전에 일본어를 공부한 적이 있다.

緊張(きんちょう)する 긴장하다
成(な)り行(ゆ)き 되어가는 형편. 상황
誰(だれ) 누구
時々(ときどき) 때때로. 々는 앞에 있는 똑같은 한자를 반복한다는 뜻.
遅刻(ちこく)する 지각하다
一緒(いっしょ)に 함께, 같이
～でも ~라도
成功(せいこう)する 성공하다
前(まえ)に 전에
勉強(べんきょう)する 공부하다

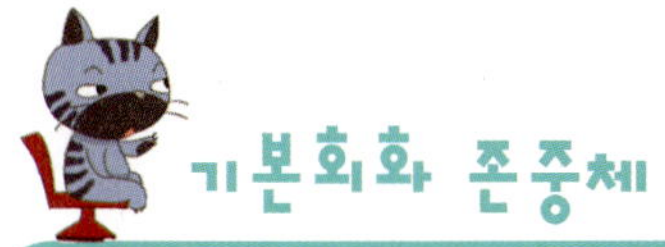

鈴木 : 石原さん、何かいいことでもあるんですか。
石原 : はい。来週、カナダに行くことになりました。
鈴木 : それはいいですね。カナダには私も一度行ったことが
　　　ありますが、とてもいいですよ。
石原 : でも、仕事で行きますので……。
鈴木 : いい面も、悪い面もあるということですね。

스즈키 ：이시하라 씨, 무슨 좋은 일이라도 있어요?
이시하라 ：예. 다음주에 캐나다에 가게 되었습니다.
스즈키 ：그거 잘됐네요. 캐나다에는 저도 한 번 간 적이 있습니다만, 아주 좋아요.
이시하라 ：하지만 일로 가는 것이어서…….
스즈키 ：좋은 면도 나쁜 면도 있다는 뜻이군요.

鈴木 : 石原君、何かいいことでもあるの。
石原 : うん。来週、カナダに行くことになったんだ。
鈴木 : それはいいね。カナダにはあたしも一度行ったことが
　　　あるんだけど、とてもいいよ。
石原 : でも、仕事で行くので……。
鈴木 : いい面も、悪い面もあるということだね。

스즈키 ：이시하라, 무슨 좋은 일이라도 있어?
이시하라 ：응. 다음주에 캐나다에 가게 되었어.
스즈키 ：그거 잘됐구나. 캐나다에는 나도 한 번 간 적이 있는데, 아주 좋아.
이시하라 ：하지만 일로 가는 것이어서…….
스즈키 ：좋은 면도 나쁜 면도 있다는 뜻이지.

何(なに)か 무언가
来週(らいしゅう) 다음 주
カナダ 캐나다
一度(いちど) 한 번
～けど ～이지만, ～인데
とても 매우, 아주, 꽤
仕事(しごと) 일, 업무
～ので ～이므로, ～하므로
面(めん) 면

ん

何かいいことでもあるんですか의 ん은 の 대신에 쓰인 것으로 회화체에서 자주 쓰인다.
곧 あるのですか(있는 것입니까?)가 바뀐 것이다. 여기에서 ありますか라고 하지 않고
あるんですか라고 한 것은 강조하기 위함이다.

30

명사(5)
형식명사

風邪(かぜ) 감기
ときには 때로는
二度(にど)と 두 번 다시
治(なお)る 낫다

71 | もの

우리말로 '일, 것, 물건, ~인걸 뭐' 등의 뜻으로 나타나는 경우가 많다.

- もの로 문장을 마칠 때 : ~인걸 뭐
- ものだ로 문장을 마칠 때 : ~하기 마련이다, ~하는 법이다
- ものか로 문장을 마칠 때 : ~할까 보냐
- ものを로 문장을 마칠 때 : ~할 것을
- 용언의 た형 + ものだ : ~하곤 했다

ex 風邪で旅行には行けないもの。 감기 때문에 여행에는 가지 못 하는걸 뭐.

ときには、そんなこともあるものだ。 때로는 그런 일도 있는 법이다.

二度とここに来るものか。 두 번 다시 여기에 올까 보냐.

72 | はず

우리말로 '당연히 ~할 것임'을 뜻함.

ex 風邪はもうすぐ治るはずだ。 감기는 이제 곧 나을 것이다.

73 | べき

우리말로 '반드시 ~해야 함'을 뜻함. 흔히 동사 기본형에 연결되는데, する와 연결될 때는 するべき와 すべき 두 가지 형태가 함께 쓰인다.

ex 今度は君も行くべきだ。 이번에는 너도 가야 한다.

次は何をするべき(=すべき)ですか。 다음은 무엇을 해야 합니까?

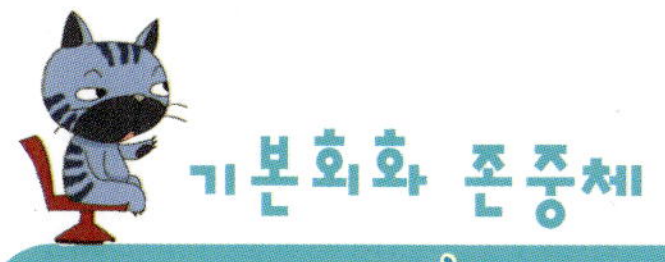

石原：　鈴木さんはセミナーに行きませんか。

鈴木：　行けません。だって先約がありますもの。

石原：　あ、そうですか。残念ですね。
　　　　こんな機会はあまりないはずなのに。

鈴木：　そうですね。私も参加するつもりでしたけど。

石原：　そのうち、機会はまたあるでしょう。

鈴木：　その場合は必ず参加すべきですね。

이시하라 : 스즈키 씨는 세미나에 가지 않습니까?
스즈키 　: 가지 못합니다. 선약이 있는 걸요.
이시하라 : 아, 그렇군요. 아쉽네요. 이런 기회는 그다지 없을 텐데요.
스즈키 　: 그렇죠. 저도 꼭 참가할 예정이었는데.
이시하라 : 머지 않아 기회는 또 있겠죠.
스즈키 　: 그때는 반드시 참가해야겠죠.

セミナー 세미나
～に ～에
行(い)く 가다(5단동사)
行(い)けない 갈 수 없다. 行く의 가능 부정 표현.
～わ ～요(여성전용)
だって 하지만, 그런데
先約(せんやく) 선약
残念(ざんねん)だ 유감이다. 아쉽다 (형용동사)
機会(きかい) 기회
あまり 별로, 그다지
ない 없다
参加(さんか)する 참가하다
つもり 예정, 작정
場合(ばあい) 경우, 때
必(かなら)ず 반드시

石原：　鈴木君はセミナーに行かないのか。

鈴木：　行けないわ。だって先約があるんだもの。

石原：　あ、そうか。残念だな。こんな機会はあまりないはずなのに。

鈴木：　そうね。あたしも参加するつもりだったけど。

石原：　そのうち、機会はまたあるよ。

鈴木：　その場合は必ず参加すべきね。

이시하라 : 스즈키는 세미나에 가지 않니?
스즈키 　: 가지 못해. 선약이 있는걸.
이시하라 : 아, 그래? 아쉽다. 이런 기회는 그다지 없을 텐데.
스즈키 　: 그렇지. 나도 꼭 참가할 예정이었는데.
이시하라 : 머지 않아 기회는 또 있을 거야.
스즈키 　: 그때는 반드시 참가해야지.

기타 형식 명사

ところ

우리말로 '곳, 데, 점, 때(참), ~했더니, ~할 뻔하다' 등의 뜻을 가짐.

ex 彼の長所は、どんなことにでもベストをつくすところにある。
그의 장점은 무슨 일이든지 최선을 다한다는 데에 있다.

今、全力で急いでいるところです。 지금 전력을 다해 서두르고 있는 참입니다.

仕事はやっと終わったところです。 일은 간신히 끝난 참입니다.

限り

우리말로 '~한, ~하기 그지없다, 한없이 ~하다' 등의 뜻을 가짐.

ex 勉強しない限り、合格はない。 공부하지 않는 한 합격은 없다.

合格するなんて、うれしい限りだ。 합격하다니 기쁘기 그지없다.

わけ

우리말로 '~할 만함, ~인 것(셈), ~일 리' 등의 뜻을 가짐.

ex 私もそう思うわけです。 저도 그렇게 생각하는 것입니다.

そう簡単にあきらめるわけにはいかない。 그렇게 간단히 포기할 수는 없다.

どうして行かないのか、私にはわけが分かりません。
왜 가지 않는 것인지 저는 이유를 알 수 없습니다. 〈'이유, 원인'이라는 뜻의 명사로 쓰인 경우〉

つもり

우리말로 '~할 작정, ~할 생각(셈)'을 뜻함.

ex そのパーティーには、私も行くつもりです。 그 파티에는 저도 갈 생각입니다.

ほど

우리말로 '~정도(쯤), ~일수록, ~할수록' 등의 뜻을 가짐.

ex ここからは車で２時間ほどかかります。　여기부터는 자동차로 2시간 정도 걸립니다.

遊べば遊ぶほど成績は落る。　놀면 놀수록 성적은 떨어진다.

それはそんなに心配するほどのことではない。　그것은 그렇게 걱정할 정도의 일은 아니다.

うえ

우리말로 '~하는 데에, ~한 후, ~하는 데에다' 등의 뜻을 가짐.

ex この仕事を続けるうえで、注意することがあります。　이 일을 하는 데에 주의할 것이 있습니다.

このことについては、社長と相談したうえで決めます。

이 일에 대해서는 사장님과 상담한 후에 결정하겠습니다.

このパソコンは安いうえに性能もいい。　이 컴퓨터는 싼 데에다 성능도 좋다.

うち(に)

우리말로 '~하는 동안(사이), ~중(에)'를 뜻함.

ex 話をしているうちに、列車は目的地に着いた。　이야기하고 있는 사이에 열차는 목적지에 도착했다.

なり

우리말로 '~나름, ~하자마자, ~든(지) ~든(지)' 등의 뜻을 가짐.

ex それにはそれなりの理由があるでしょう。　그것에는 그것 나름의 이유가 있겠지요.

彼は家に着くなり、シャワーをあびた。　그는 집에 도착하자마자 샤워를 했다.

行くなり行かないなり、はっきり決めてください。　가든지 안 가든지 확실히 결정해 주세요.

しだい

우리말로 '〜하는 대로(즉시), 〜하기 나름, 〜여하에 달려 있음' 등의 뜻을 가짐.

ex 行くのも行かないのもあなたしだいです。 가는 것도 가지 않는 것도 당신하기 나름입니다.

ばかり

우리말로 '〜일 뿐, 〜만, 〜쯤(정도)' 등의 뜻을 가짐.

ex 彼は日本語ばかりでなく、英語も上手です。 그는 일본어뿐 아니라 영어도 잘 합니다.

だけ

우리말로 '〜뿐, 〜만, 〜만큼' 등의 뜻을 가짐.

ex 持っているのはこれだけです。 가지고 있는 것은 이것뿐입니다.
　　 ほしいだけ持って行きます。 원하는 만큼 가지고 갑니다.

だ의 활용에 대해

아는 바와 같이 だ는 '〜이다'라는 뜻이다. 그리고 품사는 '단정'을 나타내는 '조동사'이다. 명사 자체는 변하지 않지만, 명사에 붙는 이 だ가 여러 가지 모양으로 변화함으로써 명사에 다양한 의미를 첨가시킨다.

〜だ	〜이다	私は学生だ。	나는 학생이다.
〜だった	〜이었다	私は学生だった。	나는 학생이었다.
〜だろう	〜이겠지	彼は学生だろう。	그는 학생이겠지.
〜で	〜이고	私は会社員で、彼は教師だ。	나는 회사원이고, 그는 교사이다.
〜で(は)ない	〜이 아니다	私は教師ではない。	나는 교사가 아니다.
〜で(は)なかった	〜이 아니었다	私は教師ではなかった。	나는 교사가 아니었다.
〜ならば	〜이라면	ピクニックは雨ならば取消しだ。	소풍은 비 오면 취소다.
〜になる	〜이 되다	将来、教師になる。	장래에 교사가 된다.

です의 활용에 대해

です는 '~입니다'라는 뜻이다. 품사는 '단정'을 나타내는 '조동사'이다.

~です	~입니다	私は学生です。 나는 학생입니다.
~ではありません	~이 아닙니다	私は学生ではありません。 나는 학생이 아닙니다.
~でした	~이었습니다	私は学生でした。 나는 학생이었습니다.
~ではありませんでした	~이 아니었습니다	私は学生ではありませんでした。 나는 학생이 아니었습니다.
~でしょう	~이겠죠	彼は学生でしょう。 그는 학생이겠죠

이 두 가지를 표로 만들면 다음과 같다.

명사 뒤에 붙는 말들의 모든 것

~だ・~である・~です	~이다・~이다(문어체)・~입니다
~ではない・~ではありません(= ~ではないです)	~이 아니다・~이 아닙니다
~だった・~でした(= ~だったです)	~이었다・~이었습니다
~ではなかった・~ではありませんでした(= ~ではなかったです)	~이 아니다・~이 아니었습니다
~だろう・~でしょう	~이겠지・~이겠죠
~で・~であり	~이고・~이고(문어체)
~になる	~이 되다
~の	~의(소유격), ~인(동격) 등

위에 정리된 내용 중에서 では는 じゃ로 변형되어 쓰인다는 것은 앞에서 학습한 바 있다. 즉 ~ではない는 ~じゃない로, ~ではなかった는 ~じゃなかった로 변형되어 쓰고 읽는다는 뜻이다. 뜻에 차이는 없고 다만, 회화체에서는 じゃ를 더 많이 사용한다는 것이 차이점이다.

이상의 내용은 모두 외워야 한다. 지금까지 학습해 오는 동안 대부분은 눈에 익은 것들이라 생각한다. 아직 눈에 익지 않고 처음 보는 것이 있다면, 이번 기회에 확실하게 외워 두기 바란다.

이상으로 명사와 관련된 모든 학습을 마친다. 이후 나오게 되는 모든 명사 관련 문법은 여기 안에 속하게 되며, 설령 여기에 없는 내용이 나오더라도 그것은 여기에 있는 내용이 응용된 것일 뿐, 여러분들이 모두 아는 내용이 될 것이다.

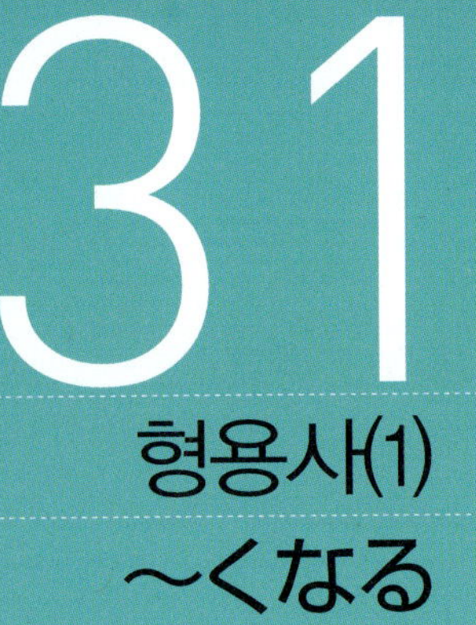

31

형용사(1)
～くなる

74 │ **(형용사) い**

　　　　くなる

～해지다, ～하게 되다

ex 忙しい 바쁘다　　　　短い 짧다
　　忙しくなる 바빠지다　　短くなる 짧아지다

75 │ **(명사) になる**

　　～이 되다

ex 大統領になる。 대통령이 되다　　マネジャーになる。 매니저가 되다
　　六時になる。 6시가 되다　　日曜日になる。 일요일이 되다

76 │ **なる**는 5단동사 활용을 한다.

ex なる 되다　　　　　　ならない 되지 않다
　　なります 됩니다　　　なって 되고, 되어서, 되니
　　なれば 되면　　　　　なろう 되자, 되려고

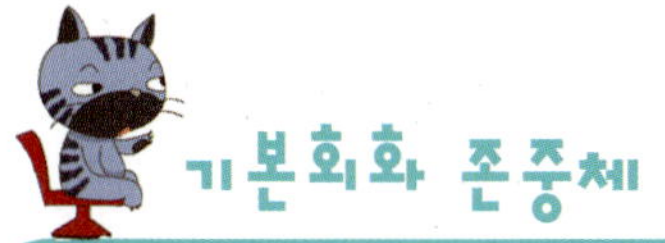

기본회화 존중체

武田: 鈴木さん、明日の予定はどうなりますか。

鈴木: 今までより忙しくなります。

武田: 作業量は減っているじゃありませんか。

鈴木: でも、作業期間が短くなりましたので……。

武田: そうですか。では、終了日はいつになるのでしょうか。

鈴木: 三日後になるでしょう。

武田: あまり余裕がありませんね。頑張ってください。

다케다 : 스즈키 씨, 내일 예정은 어떻게 됩니까?
스즈키 : 지금까지보다 바빠집니다.
다케다 : 작업량은 줄어 있지 않습니까?
스즈키 : 하지만 작업기간이 짧아졌기 때문에…….
다케다 : 그렇습니까? 그럼 종료일은 언제가 되는 것입니까?
스즈키 : 3일 후가 될 겁니다.
다케다 : 별로 여유가 없네요. 열심히 하세요.

기본회화 보통체

武田: 鈴木君、明日の予定はどうなるかな。
鈴木: 今までより忙しくなるよ。
武田: 作業量は減っているじゃない。
鈴木: でも、作業期間が短くなったので……。
武田: そうか。では、終了日はいつになるかな。
鈴木: 三日後になると思うわ。
武田: あまり余裕がないね。じゃあ、頑張ってね。

다케다 : 스즈키, 내일 예정은 어떻게 되지?
스즈키 : 지금까지보다 바빠져.
다케다 : 작업량은 줄어 있잖아.
스즈키 : 하지만 작업기간이 짧아져서…….
다케다 : 그래? 그럼 종료일은 언제가 되는 거야?
스즈키 : 3일 후가 될 거야.
다케다 : 별로 여유가 없네. 그럼, 열심히 해.

어구

予定(よてい) 예정
どう 어떻게
今(いま) 지금
～まで ～까지
～より ～보다(비교)
作業量(さぎょうりょう) 작업량
減(へ)る 줄어들다(예외5단동사)
～じゃない ～잖아
でも 하지만, 그러나
期間(きかん) 기간
～ので ～이므로, ～때문에
では 그러면, 그럼
終了日(しゅうりょうび) 종료일
いつ 언제
～かな 일까?
三日(みっか) 3일
後(ご) 후
～と ～라고
思(おも)う 생각하다(5단동사)
あまり 그다지, 별로
余裕(よゆう) 여유
ない 없다
頑張(がんば)る 분발하다

32

형용사(2)
형용사 부사화 및 중지법

77 (형용사) い
く
~하게

ex　うま**い** 맛있다, 솜씨가 좋다　　　　楽し**い** 즐겁다
　　うま**く** 맛있게, 좋게, 잘　　　　　楽し**く** 즐겁게

　　すご**い** 굉장하다　　　　　　　いい 좋다
　　すご**く** 굉장히　　　　　　　　よ**く** 좋게, 잘

78 (형용사) い
く、 (쉼표가 들어가야 함)
~하고, ~해서, ~하니

ex　公園は広**く**、明るい雰囲気で溢れていた。
公園(こうえん) 広(あか) 雰囲気(ふんいき) 溢(あふ)
공원은 넓고, 밝은 분위기로 넘치고 있었다.

　　公園は広**く**、たくさんの人を収容できた。
収容(しゅうよう)
공원은 넓어서, 많은 사람을 수용할 수 있었다.

公園(こうえん) 공원
広(ひろ)い 넓다(형용사)
明(あか)るい 밝다(형용사)
雰囲気(ふんいき) 분위기
溢(あふ)れる 넘치다(1단동사)
たくさん(の) 많이(많은)
人(ひと) 사람
収容(しゅうよう) 수용
できる 할 수 있다(1단동사)

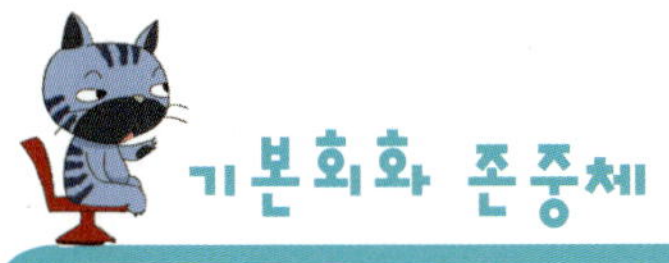 

武田：　石原さん、お仕事はうまく行っていますか。

石原：　お蔭で楽しくやっています。武田さんのほうはどうですか。

武田：　例年より売り上げが上がって、社長はすごく喜んでいます。

石原：　それはよかったですね。

武田：　そうですね。これからもずっとうまく行けばいいですね。

石原：　一生懸命やれば、きっとそうなると思います。

다케다	：이시하라 씨, 일은 잘 되어 가고 있습니까?
이시하라	：덕분에 즐겁게 하고 있습니다. 다케다 씨 쪽은 어떻습니까?
다케다	：예년보다 매출이 올라서 사장님은 굉장히 좋아하고 있습니다.
이시하라	：그거 참 다행이군요.
다케다	：그러게요. 앞으로도 계속 잘 되어 가면 좋겠어요.
이시하라	：열심히 하면 분명 그렇게 될 거라고 생각합니다.

仕事(しごと) 일, 업무
お蔭(かげ)で 덕분에
やる 하다(5단동사)
ほう 〜쪽, 〜편
どう 어떻게
例年(れいねん) 예년
〜より 〜보다(비교)
売(う)り上(あ)げ 매출
上(あ)がる 오르다(5단동사)
社長(しゃちょう) 사장
喜(よろこ)ぶ 기뻐하다(5단동사)
これから 앞으로, 이제부터
ずっと 계속, 줄곧
うまく行(い)く 잘 되어 가다
一生懸命(いっしょうけんめい) 열심히
きっと 반드시, 꼭
そう 그렇게
なる 되다
〜と 〜라고
思(おも)う 생각하다(5단동사)

기본회화 보통체

武田：　石原君、お仕事はうまく行っているの。

石原：　お蔭で楽しくやっているよ。武田君のほうはどう。

武田：　例年より売り上げが上がって、社長はすごく喜んでいるよ。

石原：　それはよかったね。

武田：　うん。これからもずっとうまく行けばいいね。

石原：　一生懸命やれば、きっとそうなると思うよ。

다케다	：이시하라, 일은 잘 되어 가고 있어?
이시하라	：덕분에 즐겁게 하고 있어. 다케다 쪽은 어때?
다케다	：예년보다 매출이 올라서 사장님은 굉장히 좋아하고 있어.
이시하라	：그거 참 다행이군.
다케다	：그러게. 앞으로도 계속 잘 되어 가면 좋겠어.
이시하라	：열심히 하면 분명 그렇게 될 거라고 생각해.

33

형용사(3)
명사형
가정표현

79 **(형용사)い → さ**

명사가 된다

ex 長(なが)い 길다　　　　太(ふと)い 두껍다

長さ 길이　　　　太さ 두께

80 **(형용사)い → み**

명사가 된다

ex 重(おも)い 무겁다　　　　重い 무겁다

重さ 무게　　　　重み 무게감

81 **(형용사)い → ければ**

~하면

ex 長(なが)い 길다　　　　細(ほそ)い 가늘다

長ければ 길면　　　　細ければ 가늘면

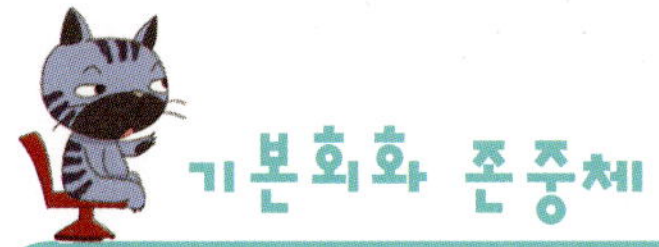

鈴木： 石原さん、長(なが)さはこれくらいでいいですか。

石原： そうですね。もう少し長ければいいでしょう。

鈴木： そうですか。じゃあ、太(ふと)さはこれでいいですね。

石原： それはちょっと細(ほそ)ければいいでしょう。

鈴木： はい、わかりました。じゃ、これにしましょうよ。

石原： どれですか。

ふん、ちょっと重(おも)みがあったほうがいいでしょうね。

스즈키　：이시하라 씨, 길이는 이 정도로 좋습니까?
이시하라：글쎄요. 조금 더 길면 좋겠죠.
스즈키　：그래요? 그럼 두께는 이거면 되겠죠?
이시하라：그것은 좀 가늘면 좋겠네요.
스즈키　：예, 알겠습니다. 그럼 이것으로 합시다.
이시하라：어떤 거죠? 흠, 좀 무게감이 있는 편이 좋겠네요.

くらい 정도, 쯤
これくらい 이 정도
〜で 〜(으)로, 〜면
そうですね 그렇습니다, 글쎄요(억양에 주의)
もう 더
少(すこ)し 조금
もう少し 조금 더
〜かな (문장 끝에 붙여서) 〜인가?
ちょっと 좀, 조금
わかる 알다, 이해하다
〜に 〜으로(선택)
ほう 쪽, 편

鈴木： 石原君、長さはこれくらいでいいの。
石原： そうね。もう少し長ければいいかな。
鈴木： そう？ じゃあ、太さはこれでいい？
石原： それはちょっと細ければいいと思うよ。
鈴木： うん、わかった。じゃ、これにしようよ。
石原： どれ？ ふん、ちょっと重みがあったほうがいいね。

스즈키　：이시하라, 길이는 이 정도로 괜찮지?
이시하라：글쎄. 조금 더 길면 좋겠어.
스즈키　：그래? 그럼 두께는 이거면 되겠어?
이시하라：그것은 좀 가늘면 좋겠다고 생각해.
스즈키　：응, 알았어. 그럼 이것으로 하자.
이시하라：어떤 거? 흠, 좀 무게감이 있는 편이 좋겠는걸?

형용사 활용의 모든것

　다음은 うつくしい(아름답다)를 이용해 형용사가 활용하는 모든 모양을 표현한 것이다. 형용사의 어미는 마지막 글자 い이며, 바로 이 い가 다양하게 변화하면서 활용을 한다. 모든 형용사는 이 원칙에 입각해서 활용하므로, 잘 익혀 두기 바란다. 붉은 색은 어미 い가 변한 것이고, 파란 색은 형용사에 붙은 다양한 품사들이다. 괄호 속의 말은 흔히 사전에서 사용하는 용어이다. 이 용어들을 익혀 두면 나중에 사전을 이용할 때 유용하게 쓰인다.

うつくしい	아름답다(기본형 = 사전형)
い です	아름답습니다(기본형)
い でしょう	아름답겠죠(기본형)
い だろう	아름다울 것이다(기본형)
い 空(そら)	아름다운 하늘(연체형)
かっ た	아름다웠다(과거형)
かっ たです	아름다웠습니다(과거형)
かろ う	아름답겠지(추측형)
く ない	아름답지 않다(미연형)
く ないです	아름답지 않습니다(미연형)
く ありません	아름답지 않습니다(미연형)
く ありませんでした	아름답지 않았습니다(미연형)
く なかった	아름답지 않았다(미연형)
く なかったです	아름답지 않았습니다(미연형)
く て	아름답고, 아름다워서, 아름다우니(연용형)
く なる	아름다워지다(연용형)
く	아름답고,(연용형. 중지법)
けれ ば	아름다우면(가정형)

　정리하면, 형용사의 어미는 く, かっ, かろ, けれ 등으로 변화하면서 뒤에 여러 가지 말들을 받는다. 우리말로 치면 '아름답다'에서 '아름'까지는 변하지 않지만 '답다'가 '답지, 다울, 답, 다운, 다우, 다워' 등으로 바뀌는 것과 같은 이치이다. 즉 '아름답다'가 뒤에 '않다'라는 말을 받기 위해서는 '아름답지'로 바뀌어야 하는 것처럼, 일본어에서도 うつくしい라는 형용사가 뒤에 ない라는 말을 받기 위해서는 うつくしく라는 형태로 바뀌어야 한다.

　한편, 형용사에는 です가 붙을 수 있다. 그런데 형용사를 과거 표현으로 만들 때, です를 でした로 바꾸어 うつくしいでした라고 말하는 것은 허용되지 않는다. 종종 실수하는 사람들이 있으므로 주의하기 바란다.

→아름다웠습니다 : うつくしいでした（×）　うつくしかったです（○）

　형용사의 활용은 매우 복잡해 보이지만, 정리해 놓고 보면 불과 몇 개만 외우면 된다는 사실을 알게 된다. 다음은 간단하게 정리한 형용사 활용표이다.

활용형	변화한 모양	뒤에 오는 말
기본형	うつくしい	
미연형	うつくしく	ない
연용형	うつくしく	なる, て 등 용언이 온다
종지형	うつくしい	문장을 그대로 끝맺는다
연체형	うつくしい	명사, 대명사, 수사 등 체언이 온다
가정형	うつくしけれ	ば(가정을 나타내는 접속조사)
추측형	うつくしかろ	う
과거형	うつくしかっ	た(과거나 완료를 나타내는 조동사)

1. 변하지 않는 것 : 기본형, 뒤에 명사를 꾸미는 연체형, です 계열의 표현이 붙을 때
2. く로 변하는 것 : 미연형, 연용형. 즉 ない, なる, て 등이 붙을 때
3. けれ로 변하는 것 : 가정형. 즉 ば가 붙을 때
4. かろ로 변하는 것 : 추측형. 즉 う가 붙을 때
5. かっ으로 변하는 것 : 과거형. 즉 た가 붙을 때

용어에 대한 설명

　지금까지의 설명을 읽어 보면 기존의 우리말이나 영어 문법에서는 들어 보지 못한 문법 용어가 나왔다.
　'미연형, 연용형, 연체형' 이 세 가지가 그것이다. 그럼 이 용어를 외워야 할까? 필자는 아는 것이 모르는 것보다 낫다고 생각한다. 앞으로 여러분들은 일본어를 공부하면서 사전을 사용하게 될 것이다. 그런데 사전에서 설명하는 말들은 대부분 이런 문법 용어들을 사용한다. 따라서 기본적인 용어는 그 뜻을 알아 두어야 사전을 100% 활용할 수 있게 된다.
　그럼 본론으로 돌아와서. 미연형을 한자로 쓰면 未然形이다. 즉 아닐 미, 그러할 연, 모양 형, 해석하면 그러하지 않은 모양이다. 알아듣게 설명하면, 그러하지 않다, 곧 부정을 나타내는 말에 붙는 모양이라는 뜻이다. 위 표를 보면 부정을 나타내는 ない가 속해 있는 모양이 미연형으로 되어 있음을 알 수 있다.
　다음은 연용형. 한자로 쓰면 連用形이다. 이을 련, 쓸 용, 모양 형. 여기에서 '모양 형'은 이제 설명에서 제외하기로 하자. 그럼 먼저 用부터 설명하면, 여기에서의 用은 用言, 곧 용언의 준말이다. 따라서 용언에 이어지는 모양이라는 뜻이 된다.
　그럼, 용언이란 무엇인가? 용언은 활용(用)을 하는 말[言]이라는 뜻이다.
　좀더 구체적으로 설명하면, 말에는 크게 용언과 체언이 있다. 용언은 앞에서 설명한 대로 활용을 하는 말이다. 즉 형용사, 형용동사, 동사, 조동사 등을 아울러 이르는 용어이다. 그럼 체언은 무엇인가? 체언은 한자로 쓰면 몸 체體(일본어 한자 표기로는 体이다), 말씀 언(言), 곧 몸 말이라는 뜻이다. 좀더 쉽게 말하면 활용을 하지 않는 말, 곧 명사, 대명사, 수사 등을 이르는 용어이다. 사람의 전신을 보면 몸통은 그 움직임이 적고, 팔이나 다리가 더 많이 움직인다. 이처럼 움직임이 없는, 즉 모양이 바뀌지 않는 말을 뜻한다.
　그렇다면 연체형이 무엇을 뜻하는 용어인지는 바로 드러난다. 즉 체언과 연결되는 모양이라는 뜻이다.
　이제 여러분은 미연형, 연용형, 종지형, 연체형, 가정형 등의 문법 용어를 기억해 두어야 한다.

34

형용동사(1)
～になる

82 | **(형용동사) だ**
になる

～해지다, ～하게 되다

ex きれいだ 예쁘다, 깨끗하다　　　元気だ 건강하다

きれいになる 예뻐지다, 깨끗해지다　　　元気になる 건강해지다

楽だ 편하다　　　便利だ 편리하다

楽になる 편해지다　　　便利になる 편리해지다

彼女は最近とてもきれいになりました。 그녀는 최근 아주 예뻐졌습니다.
このごろの交通は便利になりました。 요즘의 교통은 편리해졌습니다.

彼女(かのじょ) 그녀
最近(さいきん) 최근
とても 꽤, 매우, 아주
このごろ 요즘
交通(こうつう) 교통
結婚(けっこん) 결혼(혼인)

현재 상태를 말할 때는 일반적으로 ～ている(～하고 있다, ～해 있다) 표현을 쓴다. '결혼하셨어요?'라고 물을 때 다음 중 어느 표현이 어울리겠는가?

1. 結婚しましたか。(　　)　　　2. 結婚していますか。(　　)

이 문제의 답은 2번이다. 즉 1번의 물음은 과거에 결혼한 경험이 있느냐를 묻는 말이고, 2번의 물음은 과거 언젠가 결혼해서 지금까지 그 상태가 이어져오고 있느냐고 묻는 말이다. 따라서 현재의 상태를 말하거나 물을 때는 ～ている 표현을 쓰도록 하자. 회화 본문에서는 すっきりしている가 이런 종류의 표현법이므로 주의하자.

石原： 鈴木さんは、このごろ何かいいことでもありますか。
なんかきれいになりましたね。

鈴木： あ、そうですか。ありがとうございます。実はこのごろ
ジョギングをしていて、元気になりました。

石原： なるほど、運動は体にいいですからね。

鈴木： 精神的にもとても楽になって、すっきりしているのです。

石原： 私も一緒にジョギングをしましょう。

이시하라 : 스즈키 씨는 요즘 무언가 좋은 일이라도 있습니까? 왠지 예뻐졌습니다.
스즈키 : 어머, 그래요? 고마워요. 실은 요즘 조깅을 해서 건강해졌습니다.
이시하라 : 그렇군요, 운동은 몸에 좋으니까요.
스즈키 : 정신적으로도 매우 편해지고 상쾌해졌어요.
이시하라 : 저도 함께 조깅을 합시다.

 기본회화 보통체

石原： 鈴木さん、このごろ何かいいことでもあるかい。
なんかきれいになったね。

鈴木： あ、そう。ありがとう。実はあたし、このごろジョギングを
していて、元気になったの。

石原： なるほど、運動は体にいいからね。

鈴木： 精神的にもとても楽になって、すっきりしているの。

石原： 僕も一緒にジョギングをしよう。

이시하라 : 스즈키, 요즘 무언가 좋은 일이라도 있어? 왠지 예뻐졌는걸?
스즈키 : 어머, 그래? 고마워. 실은 나 요즘 조깅을 해서 건강해졌어.
이시하라 : 그렇구나. 운동은 몸에 좋으니까.
스즈키 : 정신적으로도 매우 편해지고 상쾌해졌어.
이시하라 : 나도 함께 조깅을 하자.

 어구

このごろ 요즘
何(なに)か 무언가
こと 일, 것
〜でも 〜라도
ある 있다(5단동사)
なんか 왠지, 〜따위
実(じつ)は 실은, 사실은
ジョギング 조깅
なるほど 역시, 그렇구나(상대의 말에
호응하는 맞장구)
運動(うんどう) 운동
体(からだ) 몸
〜から 〜이니까
精神的(せいしんてき) 정신적
〜にも 〜으로도, 〜에도
とても 매우, 아주, 꽤
楽(らく)になる 편해지다
すっきり 말쑥한 모양, 상쾌한 모양
一緒(いっしょ)に 함께, 같이

35

형용동사(2)
부사형
명사형

> **83** | (형용동사)だ
> に
> ~하게

ex

親切だ 친절하다 　　　　奇麗だ 예쁘다, 깨끗하다
親切に 친절하게 　　　　奇麗に 예쁘게, 깨끗하게

楽だ 편하다 　　　　　　上手だ 능숙하다
楽に 편하게 　　　　　　上手に 능숙하게

> **84** | (형용동사)だ
> さ
> 명사가 된다

ex

丈夫だ 튼튼하다 　　　　便利だ 편리하다
丈夫さ 튼튼함 　　　　　便利さ 편리함

豊だ 풍요롭다 　　　　　大切だ 소중하다
豊さ 풍요로움 　　　　　大切さ 소중함

이제는 이런 것도 알아두자!

そんなことありません。 / そんなことない。

이 표현은 상대가 고마움을 표시했을 때, '별말씀을요, 천만에요' 하면서 고마움을 사양하는 뜻으로 하는 말이다. 공손하게 말할 때와 친한 사이에 말할 때의 차이도 알아 두자.

鈴木： この前は、親切に案内してくださってありがとうございました。

石原： とんでもありません。当たり前のことをしただけです。

鈴木： でも、あんなにきれいに建てられているとは思いませんでした。

石原： そうでしょう。
それに建物の丈夫さや便利さも評判がいいですよ。

鈴木： そうですね。私も楽に利用できてとてもよかったです。

石原： テーマパークとして有名になると思います。

스즈키 ： 일전에는 친절하게 안내해 주셔서 고마웠습니다.
이시하라 ： 별말씀을요. 당연한 일을 한 것뿐입니다.
스즈키 ： 그런데 그렇게 예쁘게 지어져 있으리라고는 생각하지 못했습니다.
이시하라 ： 그렇죠? 게다가 건물의 튼튼함이나 편리함도 평판이 좋습니다.
스즈키 ： 그렇군요. 저도 편하게 이용할 수 있어서 아주 좋았습니다.
이시하라 ： 테마파크로서 유명해질 거라고 생각합니다.

この前(まえ) 일전, 며칠 전
案内(あんない)する 안내하다
～てくれる ～해 주다
当(あ)たり前(まえ) 당연함
～だけ ～뿐, ～만
でも 하지만, 그런데
建(た)てる 짓다
思(おも)う 생각하다
～だろう ～이겠지
それに 게다가, 그 위에
建物(たてもの) 건물
～や ～랑
評判(ひょうばん) 평판
利用(りよう) 이용
できる 할 수 있다
とても 매우, 아주, 썩
よい 좋다
テーマパーク 테마파크
～として ～로서(자격)

 기본회화 보통체

鈴木： この前は、親切に案内してくれてありがとう。
石原： そんなことないよ。当たり前のことをしただけ。
鈴木： でも、あんなにきれいに建てられているとは思わなかったわ。
石原： そうだろう。それに建物の丈夫さや便利さも評判がいいよ。
鈴木： そうね。あたしも楽に利用できてとてもよかったわ。
石原： テーマパークとして有名になると思うよ。

스즈키 ： 일전에는 친절하게 안내해 줘서 고마워.
이시하라 ： 아니야. 당연한 일을 한 것뿐이야.
스즈키 ： 그런데, 그렇게 예쁘게 지어져 있으리라고는 생각하지 못했어.
이시하라 ： 그렇지? 게다가 건물의 튼튼함이나 편리함도 평판이 좋아.
스즈키 ： 그렇구나. 나도 편하게 이용할 수 있어서 아주 좋았어.
이시하라 ： 테마파크로서 유명해질 거라고 생각해.

36

형용동사(3)
가정표현

85 | **(형용동사)** だ
なら(ば)

〜하면

참고　괄호 속의 ば는 붙여도 되고 안 붙여도 된다.

ex　静だ　조용하다　　便利だ　편리하다
静なら(ば)　조용하면　　便利なら(ば)　편리하면
楽だ　편하다　　上手だ　능숙하다
楽なら(ば)　편하면　　上手なら(ば)　능숙하면

86 | **(명사)** なら(ば)

(명사)라면

참고　명사를 가정할 때도 똑같이 쓰이므로 참고하자.

ex　先生　선생님　　あなた　당신
先生なら(ば)　선생님이라면　　あなたなら(ば)　당신이라면
私　나　　学生　학생
私なら(ば)　나라면　　学生なら(ば)　학생이라면

だって

이 표현은 자신의 주장에 대해 이유를 말할 때, 이유를 말하기 전에 '그러니까 무슨 뜻이냐면, 그도 그럴것이' 정도의 뜻으로 쓰이는 말이다. 상황에 따라서는 해석이 필요없는 경우도 있다.

僕は行けないよ。だって、約束があるんだもん。　난 못 가. 약속이 있는 걸 뭐.

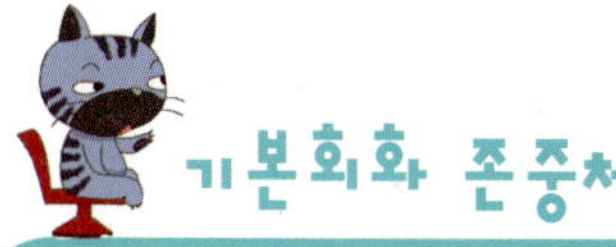

石原 ： この場合、鈴木さんならどうしますか。

鈴木 ： 私なら、すぐ引っ越すと思います。

だって、あまりうるさいですから。

石原 ： そうですね。ちょっと静かならいいですけどね。

鈴木 ： 交通のほうも、もう少し便利ならいいでしょうね。

石原 ： はい、駅とこんなに離れていては、雨の日はとても困りますね。

鈴木 ： では、ほかのところを見ましょうか。

石原 ： そうしましょう。

이시하라 : 이 경우, 스즈키 씨라면 어떻게 하겠습니까?
스즈키 ： 저라면 바로 이사할 거라고 생각합니다. 너무 시끄러우니까요.
이시하라 : 그렇죠? 좀 조용하면 좋겠는데요.
스즈키 ： 교통 쪽도 조금 더 편리하면 좋겠네요.
이시하라 : 예, 역과 이렇게 떨어져 있으면 비가 오는 날에는 아주 난처하죠.
스즈키 ： 그럼 다른 곳을 둘러볼까요?
이시하라 : 그렇게 합시다.

石原 ： この場合、鈴木君ならどうする。

鈴木 ： あたしなら、すぐ引っ越すと思うわ。
だって、あまりうるさいから。

石原 ： そうね。ちょっと静かならいいけどね。

鈴木 ： 交通のほうも、もう少し便利ならいいのにね。

石原 ： うん、駅とこんなに離れていては、雨の日はとても困るね。

鈴木 ： じゃ、ほかのところを見ようよ。

石原 ： そうしよう。

이시하라 : 이 경우, 스즈키라면 어떻게 하겠니?
스즈키 ： 나라면 바로 이사할 거라고 생각해. 너무 시끄러우니까.
이시하라 : 그렇지? 좀 조용하면 좋겠는데.
스즈키 ： 교통 쪽도 조금 더 편리하면 좋겠는데 말야.
이시하라 : 응, 역과 이렇게 떨어져 있으면 비가 오는 날에는 아주 난처해.
스즈키 ： 그럼 다른 곳을 둘러볼까?
이시하라 : 그렇게 하자.

場合(ばあい) 경우
すぐ 곧, 즉시, 바로
引(ひ)っ越(こ)す 이사하다
あまり ① 별로, 그다지 ② 너무
うるさい 시끄럽다(형용사)
〜から 〜이니까
交通(こうつう) 교통
ほう 〜쪽, 〜편
もう ① 이미, 벌써 ② 더
少(すこ)し 조금
〜のに 〜인데(역접)
駅(えき) (전철이나 기차) 역
こんなに 이렇게
離(はな)れる 떨어지다, 멀어지다
雨(あめ) 비
困(こま)る 난처하다, 곤란하다(5단동사)
ほか 그 밖, 이외

형용동사 활용의 모든것

　다음은 親切だ(친절하다)를 이용해 형용동사가 활용하는 모든 모양을 표현한 것이다. 형용동사의 어미는 だ이며, 바로 이 だ가 다양하게 변화하면서 활용을 한다. 모든 형용동사는 이 원칙에 입각해서 활용하므로, 잘 익혀 두기 바란다. 붉은 색은 어미 だ가 변한 것이고, 파란 색은 형용동사에 붙은 다양한 품사들이다.

しんせつだ	친절하다(기본형)
しんせつ	친절(사전형, 어간)
です	친절합니다
でしょう	친절하겠죠
だろう	친절할 것이다
な 人	친절한 사람(연체형)
だっ た	친절했다(과거형)
だっ たです	친절했습니다(과거형)
で(は) ない	친절하지 않다(미연형)
で(は) ないです	친절하지 않습니다(미연형)
で(は) ありません	친절하지 않습니다(미연형)
で(は) ありませんでした	친절하지 않았습니다(미연형)
で(は) なかった	친절하지 않았다(미연형)
で(は) なかったです	친절하지 않았습니다(미연형)
で	친절하고, 친절해서, 친절하니(연용형)
に なる	친절해지다(연용형)
で、	친절하고,(중지법)
であれ ば	친절하다면(가정형)
なら ば	친절하다면(가정형)

　정리하면, 형용동사의 어미는 で, な, だろ, なら, に 등으로 변화하면서 뒤에 여러 가지 말들을 받는다. 자세히 보면 알 수 있겠지만, 일본어의 모양을 보면 명사 파트에서 익혔던 것과 너무나 똑같다는 것을 알 수 있다. 따라서 명사 파트에서 정확히 외웠다면 더 이상 외울 내용은 한 두 개에 불과할 것이다.

　한 가지 다른 점이 있다면 해석 상의 차이이다. 즉 명사에서는 뒤에 붙는 말이 '~이다'나 '~입니다' 계열로 해석한 데에 비해, 형용동사에서는 '~하다'나 ~를 '~합니다' 계열로 해석한다는 점이다. 이 해석 상의 차이만 머리 속에 넣어둔다면 쉽게 학습할 수 있는 파트가 바로 형용동사 파트이기도 하다.

다음은 앞에서 복잡하게 나열된 형용동사의 활용들을 간단하게 정리한 활용표이다.

활용형	변화한 모양	뒤에 오는 말
기본형	しんせつだ	
어간	しんせつ	사전에서 찾을 때는 어간의 형태로 찾아야 한다
미연형	しんせつで	ない
연용형	しんせつに	なる 등 용언이 온다
종지형	しんせつだ	문장을 그대로 끝맺는다. だ 대신에 です 관련 표현들이 온다
연체형	しんせつな	명사, 대명사, 수사 등 체언이 온다
가정형	しんせつなら	ば (가정을 나타내는 접속조사)
추측형	しんせつだろ	う
과거형	しんせつだっ	た (과거나 완료를 나타내는 조동사)

이로써 형용동사와 관련한 모든 학습이 끝났다. 이상의 내용을 정확하게 숙지하기 바란다.

37

동사(1)
동사의 명사화

試合(しあい) 시합
ひさしぶりに 오랜만에
休(やす)みを取(と)る
휴가를 내다, 휴가를 얻다

87 | **(1단동사)** る **(기본형)**
마지막 글자 る를 없애면 된다.

참고 이 자체로 명사가 된다.

ex すぎる 지나다　　　　　負ける 지다
　　すぎ 지남, 이후　　　　　負け 패배

試合は12時過ぎです。 시합은 12시 이후입니다.

この試合は私の負けです。 이 시합은 저의 패배입니다.

88 | **(5단동사)** ウ段 **(기본형)**
　　　　　　　イ段

참고 마지막 글자 ウ段을 イ段으로 바꾸면 된다.

ex 勝つ 이기다　　　　　休む 쉬다
　　勝ち 승리　　　　　　休み 휴가, 휴식
　　泳ぐ 수영하다　　　　思う 생각하다
　　泳ぎ 수영　　　　　　思い 생각

はっきり言って、あなたの勝ちです。 분명히 말해서 당신의 승리입니다.

今回はひさしぶりに休みを取りました。
이번에는 오랜만에 휴가를 얻었습니다.

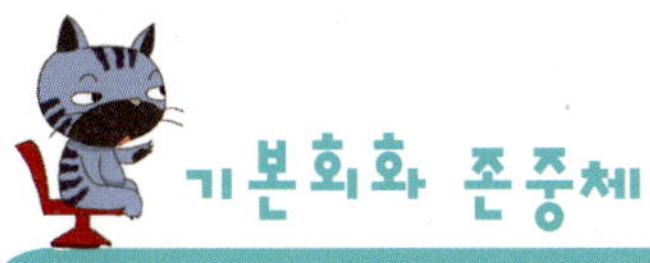

鈴木：　私の勝ちですね。

石原：　あ、負けた！　はっきりと私の負けです。

鈴木：　では、今度の休みの旅行は山のほうに決まったんですね。

石原：　はい、はい。分かりました。今度は海にでも行って思いっきり
　　　　泳ぎをしようと思ったのに。

鈴木：　へえ、それ、本当ですか。
　　　　別のことに関心があったんじゃありませんか。

石原：　そ、そんなことないですよ。

스즈키　：저의 승리네요.
이시하라：아, 졌다! 확실하게 저의 패배입니다.
스즈키　：그럼 이번 휴가 여행은 산 쪽으로 정해진 거죠?
이시하라：예, 예. 알았어요. 이번에는 바다에라도 가서 실컷 수영을 하려고 생각했는데.
스즈키　：어머, 그거 정말이에요? 다른 것에 관심이 있었던 게 아닙니까?
이시하라：그, 그런 거 아니에요.

기본회화 보통체

鈴木：　あたしの勝ちね。
石原：　あ、負けた！　はっきりと僕の負けだ。
鈴木：　じゃ、今度の休みの旅行は山のほうに決まったわね。
石原：　はい、はい。分かったよ。今度は海にでも行って
　　　　思いっきり泳ぎをしようと思ったのに。
鈴木：　へえ、それ、本当。別のことに関心があったじゃないの。
石原：　そ、そんなことないよ。

스즈키　：나의 승리다.
이시하라：아, 졌다! 확실하게 나의 패배야.
스즈키　：그럼 이번 휴가 여행은 산 쪽으로 정해진 거지?
이시하라：그래, 그래. 알았어. 이번에는 바다에라도 가서 실컷 수영을 하려고 생각했는데.
스즈키　：어머, 그거 정말이야? 다른 것에 관심이 있었던 게 아니고?
이시하라：그, 그런 거 아니야.

어구

はっきり 확실하게, 분명히
今度(こんど) 이번(상황에 따라 '지난번, 다음번'의 뜻으로도 쓰임)
旅行(りょこう) 여행
山(やま) 산
ほう 쪽, 편
決(き)まる 결정되다, 정해지다
分(わ)かる 알다, 이해하다
海(うみ) 바다
〜に 〜에(장소)
〜でも 〜라도
行(い)く 가다(5단동사)
思(おも)いっきり 실컷
へえ 놀람, 감탄, 의외를 나타내는 감탄사, 허참, 저런
本当(ほんとう) 정말, 참말
別(べつ) 다름, 구별
関心(かんしん) 관심

38

동사(2)
동사의
목적 표현

89 | (1단동사) る (기본형)
に
~하러

뒤에는 흔히 行く(가다)나 来る(오다)를 붙여서 말한다.

ex
見る 보다　　　　食べる 먹다
見に 보러　　　　食べに 먹으러
見に行く 보러 가다　　食べに来る 먹으러 오다

90 | (5단동사) ウ段 (기본형)
イ段＋に
~하러

ex
飲む 마시다　　　　買う 사다
飲みに 마시러　　　　買いに 사러
飲みに行く 마시러 가다　　買いに来る 사러 오다

91 | (동작성 명사) に
~하러

'동작성 명사'란 사람의 행동이 포함되어 있는 명사를 말한다. 예를 들어 '운동, 낚시, 테니스' 등은 사람의 행동이 있어야 가능한 일이므로 '동작성 명사'이지만, '책상, 방, 교실' 등은 '동작성 명사'가 아니다.

ex
山登り 등산　　　　ショッピング 쇼핑
山登りに 등산하러　　　　ショッピングに 쇼핑하러
山登りに行く 등산하러 가다　　ショッピングに来る 쇼핑하러 오다

鈴木：石原さん、今週の日曜日には一緒に映画を見に行きませんか。

石原：あ、私、今週は友達と山登りに行くことになっているのですが……。

鈴木：そうですか。では、山登りに私も一緒に行っていいですか。

石原：もちろんですよ。みんなもきっと喜ぶと思います。

鈴木：ありがとうございます。
では、私、登山用具がありませんので、買いに行きます。

石原：一緒に行ってあげましょう。

스즈키 ： 이시하라 씨, 이번주 일요일에는 함께 영화를 보러 가지 않겠습니까?
이시하라 ： 아, 저, 이번 주는 친구와 등산하러 가기로 되어 있습니다만…….
스즈키 ： 그래요? 그럼 등산에 저도 함께 가도 됩니까?
이시하라 ： 물론이죠. 모두 분명히 기뻐할 거라고 생각합니다.
스즈키 ： 고맙습니다. 그럼 저, 등산용품이 없어서 사러 가겠습니다.
이시하라 ： 같이 가드릴게요.

기본회화 보통체

鈴木：石原君、今度の日曜日には一緒に映画を見に行かない。

石原：あ、僕、今週は友達と山登りに行くことになっているんだけど……。

鈴木：そう。じゃ、山登りに私も一緒に行っていい。

石原：もちろんだよ。みんなもきっと喜ぶと思う。

鈴木：ありがとう。じゃ、私、登山用具がないので、買いに行くわ。

石原：一緒に行ってあげよう。

스즈키 ： 이시하라, 이번 일요일에는 함께 영화를 보러 가지 않을래?
이시하라 ： 아, 나, 이번주는 친구와 등산하러 가기로 되어 있는데…….
스즈키 ： 그래? 그럼 등산에 나도 함께 가도 돼?
이시하라 ： 물론이지. 모두 분명히 기뻐할 거라고 생각해.
스즈키 ： 고마워. 그럼 나, 등산용품이 없어서 사러 갈게.
이시하라 ： 같이 가줄게.

今週(こんしゅう) 이번 주
日曜日(にちようび) 일요일
～には ～에는
一緒(いっしょ)に 함께, 같이
映画(えいが) 영화
僕(ぼく) 나(주로 남성이 사용)
友達(ともだち) 친구
～と ～와(과)
山登(やまのぼ)り 등산
～ことになっている (동사 기본형에 붙어) ～하기로 되어 있다
では 그럼
～ていいですか ～해도 됩니까?
もちろん 물론
みんな 모두
きっと 꼭, 반드시
喜(よろこ)ぶ 기뻐하다
登山(とざん) 등산
用具(ようぐ) 용구
～てあげる ～해 주다

39
동사(3)
복합동사

92 | **(1단동사) る (기본형)**

出^だす ~하기 시작하다

上^あげる 다~하다

直^{なお}す 다시 ~하다

始^{はじ}める ~하기 시작하다

続^{つづ}ける 계속 ~하다

참고 동사 뒤에 또다른 동사가 붙어 만들어진 말을 복합동사라고 한다.

ex 滅^{ほろ}びる 멸망하다   食^たべる 먹다

滅びだす 멸망하기 시작하다   食べ続ける 계속 먹다

93 | **(5단동사) ウ段 (기본형)**

イ段 + 出す ~하기 시작하다

上げる 다~하다

直す 다시 ~하다

始める ~하기 시작하다

続ける 계속 ~하다

ex 読^よむ 읽다   やる 하다

読みあげる 다 읽다   やりなおす 다시 하다

94 | する 하다 → しはじめる 하기 시작하다
くる 오다 → きつづける 계속해서 오다

鈴木： 石原さん、中国語を勉強し始めてどれぐらいですか。

石原： ６ヶ月になりますけど。

鈴木： うわぁ！ では、けっこう上手になったでしょうね。

石原： いえ、それが、授業をサボったり、復習をしなかったりして
いたので、今は授業に付いて行けないんですよ。

鈴木： まあ、そんな！

石原： それで、始めからやりなおそうと思っているところなんです。

스즈키 ：이시하라 씨, 중국어를 공부하기 시작한 지 어느 정도 됩니까?
이시하라 ：6개월이 됩니다만.
스즈키 ：우왜! 그럼 꽤 능숙해졌겠는걸요?
이시하라 ：아뇨, 그게, 수업을 빼먹거나 복습을 하지 않거나 했기 때문에
　　　　　　지금은 수업을 따라갈 수 없습니다.
스즈키 ：어머, 저런!
이시하라 ：그래서 처음부터 다시 하려고 생각하고 있는 참입니다.

 기본회화 보통체

鈴木： 石原君、中国語を勉強し始めてどれぐらいなの。
石原： ６ヶ月になるけど。
鈴木： うわぁ！ じゃあ、けっこう上手になったよね。
石原： ううん、それが、授業をサボったり、復習をしなかったり
していたので、今は授業に付いて行けないんだよ。
鈴木： まあ、そんな！
石原： それで、始めからやりなおそうと思っているところなんだ。

스즈키 ：이시하라, 중국어를 공부하기 시작한 지 어느 정도 됐지?
이시하라 ：6개월이 되는데.
스즈키 ：우왜! 그럼 꽤 능숙해졌는걸?
이시하라 ：아니, 그게, 수업을 빼먹거나 복습을 하지 않거나 해서 지금은 수업을 따라갈 수 없어.
스즈키 ：어머, 저런!
이시하라 ：그래서 처음부터 다시 하려고 생각하고 있는 참이야.

勉強(べんきょう)する 공부하다
どれぐらい 어느 정도
〜けど 〜이지만, 〜인데
けっこう 꽤, 상당히
上手(じょうず)だ 능숙하다(형용동사)
授業(じゅぎょう) 수업
サボる 게으름피우다(5단동사)
復習(ふくしゅう) 복습
付(つ)いて行(い)く 따라가다(5단동사)
まあ 놀람. 어메! 어머니! 깜짝이야!
そんな '어떻게 그런 일이!' 정도의 뜻으
로 쓰임
それで 그래서
始(はじ)め 시작, 처음
〜から 〜부터
〜ところ (〜하려던) 참

95 (1단동사) る(기본형) + と ~하면
(1단동사) る(기본형) + なら ~하면
(1단동사) る(기본형) + たら ~하면
(1단동사) る(기본형) + れば ~하면

ex

できる 가능하다	あげる 주다
できると 가능하면	あげると 주면
できるなら 가능하면	あげるなら 주면
できたら 가능하면	あげたら 주면
できれば 가능하면	あげれば 주면

96 (5단동사) ウ段(기본형) + と ~하면
(5단동사) ウ段(기본형) + なら ~하면
(5단동사) エ段 + ば ~하면

ex

会う 만나다	飲む 마시다
会うと 만나면	飲むと 마시면
会うなら 만나면	飲むなら 마시면
会えば 만나면	飲めば 마시면

5단동사에 たら가 붙을 때는 음편을 하므로 주의하자.

会う 만나다 → 会ったら 만나면　書く 쓰다 → 書いたら 쓰면

飲む 마시다 → 飲んだら 마시면　貸す 빌려주다 → 貸したら 빌려주면(음편 없음)

97 する 하다 → すると, するなら, したら, すれば ~하면
くる 오다 → くると, くるなら, きたら, くれば ~오면

石原：　こんなとき、鈴木さんなら、どうしますか。

鈴木：　そうですね。できれば行かないことにするでしょう。

石原：　でも、みなさん、きっと待っているでしょう。

鈴木：　なら、電話でもしてあげたらどうですか。

石原：　やっぱりそうでしょう。

鈴木：　はい、そうすると、みんなも理解してくれるでしょう。

이시하라 : 이런 때, 스즈키 씨라면 어떻게 하겠습니까?
스즈키 : 글쎄요, 가능하면 가지 않기로 하겠죠.
이시하라 : 하지만, 모두들 분명히 기다리고 있겠죠?
스즈키 : 그렇다면, 전화라도 해 주면 어떻겠습니까?
이시하라 : 역시 그렇겠죠?
스즈키 : 예, 그렇게 하면 모두들 이해해 주겠죠.

こんな 이런
とき 때
君(きみ) 너, 자네(주로 남성이 사용)
～なら ～라면
どう 어떻게
でも 하지만
みなさん 모두들, 여러분
きっと 분명, 꼭
待(ま)つ 기다리다(5단동사)
なら 그렇다면
電話(でんわ) 전화
～でも ～라도
～てあげる ～해 주다
やっぱり 역시
みんな 모두
～てくれる ～해 주다

기본회화 보통체

石原：　こんなとき、君なら、どうする。
鈴木：　そうね。できれば行かないことにするわ。
石原：　でも、みんな、きっと待っているだろう。
鈴木：　なら、電話でもしてあげたらどう。
石原：　やっぱりそうだろう。
鈴木：　うん、そうすると、みんなも理解してくれるよ。

이시하라 : 이런 때, 너라면 어떻게 하겠니?
스즈키 : 글쎄, 가능하면 가지 않기로 하겠어.
이시하라 : 하지만, 모두들 분명히 기다리고 있을 거야.
스즈키 : 그렇다면, 전화라도 해 주면 어때?
이시하라 : 역시 그렇겠지?
스즈키 : 응, 그렇게 하면 모두들 이해해 줄거야.

5단동사 활용의 모든것

과거형

다음은 5단동사 활용을 위한 표이다. 모든 5단동사는 다음의 표와 똑같이 적용되므로, 그 원리를 잘 이해해 두기 바란다.

활용형	会う 만나다	書く 쓰다	話す 이야기하다	立つ 서다	死ぬ 죽다	読む 읽다	作る 만들다	泳ぐ 수영하다	遊ぶ 놀다	뒤에 붙는 말들 및 설명
기본형	会う 만나다	書く 쓰다	話す 이야기하다	立つ 서다	死ぬ 죽다	読む 읽다	作る 만들다	泳ぐ 수영하다	遊ぶ 놀다	모두 ウ段으로 끝난다
미연형	会わ 만나지	書か 쓰지	話さ 이야기하지	立た 서지	死な 죽지	読ま 읽지	作ら 만들지	泳が 수영하지	遊ば 놀지	ない가 붙는다 않다
연용형	会い 만납	書き 씁	話し 이야기합	立ち 섭	死に 죽습	読み 읽습	作り 만듭	泳ぎ 수영합	遊び 놂	ます를 비롯한 용언이 붙는다 니다
종지형	会う 만난다	書く 쓴다	話す 읽는다	立つ 선다	死ぬ 죽는다	読む 읽는다	作る 만든다	泳ぐ 수영한다	遊ぶ 논다	문장을 마친다
연체형	会う 만나는	書く 쓰는	話す 이야기하는	立つ 서는	死ぬ 죽는	読む 읽는	作る 만드는	泳ぐ 수영하는	遊ぶ 노는	명사 등 체언이 붙는다 사람(명사)
가정형	会え 만나	書け 쓰	話せ 이야기하	立て 서	死ね 죽으	読め 읽으	作れ 만들	泳げ 수영하	遊べ 놀	가정을 나타내는 접속사 ば가 붙는다 면
명령형	会え 만나라	書け 써라	話せ 이야기해라	立て 서라	死ね 죽어라	読め 읽어라	作れ 만들어라	泳げ 수영해라	遊べ 놀아라	뒤에 붙는 말 없이 명령을 나타낸다
의지형	会お 만나	書こ 쓰	話そ 이야기하	立と 서	死の 죽	読も 읽	作ろ 만들	泳ご 수영하	遊ぼ 놀	조동사 う가 붙는다 자

한편, 5단동사에 て, た, たり 등이 붙을 때는 음편을 한다. 음편이란 5단동사에서만 일어나며, 그 마지막 글자에 따라 촉음편, 발음편, イ음편 등으로 나뉜다. 촉음편은 っ(촉음)으로 바뀌는 것을 말하고, 발음편은 ん으로 바뀌는 것을 말하며, 이음편은 い로 바뀌는 것을 말한다. 그리고 각각의 규칙은 다음과 같다.

1. 기본형의 마지막 글자가 う나 つ나 る로 끝나는 동사는 촉음편을 한다.

会う (만나다) → 会って (만나고) → 会った (만났다) → 会ったり (만나거나)
立つ (서다) → 立って (서고) → 立った (섰다) → 立ったり (서거나)
作る (만들다) → 作って (만들고) → 作った (만들었다) → 作ったり (만들거나)

2. 기본형의 마지막 글자가 ぬ나 む나 ぶ로 끝나는 동사는 발음편을 한다.

死ぬ (죽다) → 死んで (죽고) → 死んだ (죽었다) → 死んだり (죽거나)
読む (읽다) → 読んで (읽고) → 読んだ (읽었다) → 読んだり (읽거나)
遊ぶ (놀다) → 遊んで (놀고) → 遊んだ (놀았다) → 遊んだり (놀거나)

3. 기본형의 마지막 글자가 く나 ぐ로 끝나는 동사는 이음편을 한다.

書く (쓰다) → 書いて (쓰고) → 書いた (썼다) → 書いたり (쓰거나)
泳ぐ (수영하다) → 泳いで (수영하고) → 泳いだ (수영했다) → 泳いだり (수영하거나)

1단동사 활용의 모든것

다음은 1단동사 활용을 위한 표이다. 모든 1단동사는 다음의 표와 똑같이 적용되므로, 그 원리를 잘 이해해 두자.

활용형								뒤에 붙는 말들 및 설명
기본형	見る 보다	着る 입다	借りる 빌리다	起きる 일어나다	食べる 먹다	開ける 열다	忘れる 잊다	모두 **る**로 끝난다
미연형	見 보지	着 입지	借り 빌리지	起き 일어나지	食べ 먹지	開け 열지	忘れ 잊지	**ない**가 붙는다 않다
연용형	見 봄	着 입습	借り 빌립	起き 일어납	食べ 먹습	開け 엽	忘れ 잊습	**ます**를 비롯한 용언이 붙는다 니다
종지형	見る 본다	着る 입는다	借りる 빌린다	起きる 일어난다	食べる 먹는다	開ける 연다	忘れる 잊는다	문장을 마친다
연체형	見る 보는	着る 입는	借りる 빌리는	起きる 일어나는	食べる 먹는	開ける 여는	忘れる 잊는	명사 등 체언이 붙는다 사람
가정형	見れ 보	着れ 입으	借りれ 빌리	起きれ 일어나	食べれ 먹으	開けれ 열	忘れれ 잊으	가정을 나타내는 접속사 **ば**가 붙는다 면
명령형	見ろ 봐라	着ろ 입어라	借りろ 빌려라	起きろ 일어나라	食べろ 먹어라	開けろ 열어라	忘れろ 잊어라	뒤에 붙는 말 없이 명령을 나타낸다
의지형	見 보	着 입	借り 빌리	起き 일어나	食べ 먹	開け 열	忘れ 잊	조동사 **よう**가 붙는다 자

 모든 동사의 기본형(사전형)은 종지형 및 연체형과 모양이 같다.

변격동사 활용의 모든것

아는 바와 같이 변격동사는 する와 くる 두 개밖에 없다. 변격동사란 변화를 하는 것이 규칙적이지 않다는 뜻에서 붙여진 이름이다. 이 두 동사의 활용법은 외우는 수밖에 없다.

활용형			뒤에 붙는 말들 및 설명
기본형	する 하다	くる 오다	
미연형	し 하지	こ 오지	**ない**가 붙는다 / 않다
연용형	し 합	き 옵	**ます**를 비롯한 용언이 붙는다 / 니다
종지형	する 한다	くる 온다	문장을 마친다
연체형	する 하는	くる 오는	명사 등 체언이 붙는다 / 사람
가정형	すれ 하	くれ 오	가정을 나타내는 접속사 **ば**가 붙는다 / 면
명령형	しろ 해라	こい 와라	뒤에 붙는 말 없이 명령을 나타낸다
의지형	し 하	こ 오	조동사 **よう**가 붙는다 / 자

 **する**의 의지형에서 **しよう** 외에 **せよ**도 함께 쓰인다.

41

조동사(1)
そうだ(1)

> ### 98 | (형용사) い (기본형)
> そうだ ~할 것 같다, ~해 보이다

ex 美味(おい)しい 맛있다　　　　　강(つよ)い 강하다
美味しそうだ 맛있을 것 같다, 맛있어 보이다　強そうだ 강할 것 같다, 강해 보이다

> ### 99 | (형용동사) だ (기본형)
> そうだ ~할 것 같다

ex 丈夫(じょうぶ)だ 튼튼하다　　　　　元気(げんき)だ 건강하다
丈夫そうだ 튼튼한 것 같다, 튼튼해 보이다　元気そうだ 건강한 것 같다, 건강해 보이다

> ### 100 | (1단동사) る (기본형)
> そうだ ~할 것 같다

ex いる 있다　　　　　壊(こわ)れる 부서지다
いそうだ 있을 것 같다　　　壊れそうだ 부서질 것 같다

> ### 101 | (5단동사) ウ段 (기본형)
> イ段 + そうだ ~할 것 같다

ex 壊(こわ)す 깨뜨리다　　　　　なる 되다
壊しそうだ 깨뜨릴 것 같다　　　なりそうだ 될 것 같다

> ### 102 |
> する 하다 → しそうだ 할 것 같다
> くる 오다 → きそうだ 올 것 같다

石原： 鈴木さん、これ、韓国（かんこく）からのお土産（みやげ）です。どうぞ。

鈴木： わあ、おいしそうですね。ありがとうございます。

石原： ところで、その丈夫（じょうぶ）そうな箱（はこ）は何（なん）ですか。

鈴木： あ、これは中身（なかみ）を壊（こわ）さないために作（つく）られてある箱なんです。

石原： なるほど。なかなか強そうで、壊れそうもないですね。

鈴木： いただいたお土産は、この箱の中に入（い）れて行きましょう。

石原： それは、ちょうどいいですね。

이시하라 : 스즈키 씨, 이거 한국에서 가져온 선물입니다. 받으세요.
스즈키 : 와아, 맛있을 것 같네요. 고맙습니다.
이시하라 : 그런데, 그 튼튼해 보이는 상자는 무엇입니까?
스즈키 : 아, 이것은 내용물을 깨뜨리지 않게 하기 위해 만들어진 상자입니다.
이시하라 : 그렇군요. 꽤나 강해 보여서 부서질 것 같지도 않군요.
스즈키 : 받은 선물은 이 상자 안에 넣어 가겠습니다.
이시하라 : 그거 딱 좋네요.

어구

お土産(みやげ) 여행지 등에서 가져온 토산품, 선물
ところで 그런데
箱(はこ) 상자
〜だい 의문조사(=か). 주로 남자가 사용
中身(なかみ) 내용물
〜ために (〜하기) 위해서
作(つく)る 만들다(5단동사)
なるほど 역시, 그렇구나(상대의 말에 수긍하는 말)
なかなか 꽤나, 좀처럼
いただく '받다'란 뜻의 겸양어
もらう 받다
入(い)れる 넣다
ちょうど 마침, 딱

 기본회화 보통체

石原： 鈴木君、これ、韓国からのお土産。どうぞ。
鈴木： わあ、おいしそうね。ありがとう。
石原： ところで、その丈夫そうな箱は何だい。
鈴木： あ、これは中身を壊さないために作られてある箱よ。
石原： なるほど。なかなか強そうで、壊れそうもないね。
鈴木： もらったお土産は、この箱の中に入れて行こう。
石原： それは、ちょうどいいね。

이시하라 : 스즈키, 이거 한국에서 가져온 선물이야. 받아.
스즈키 : 와아, 맛있겠다. 고마워.
이시하라 : 그런데, 그 튼튼해 보이는 상자는 뭐야?
스즈키 : 아, 이것은 내용물을 깨뜨리지 않게 하기 위해 만들어진 상자야.
이시하라 : 그렇구나. 꽤나 강해 보여서 부서질 것 같지도 않네.
스즈키 : 받은 선물은 이 상자 안에 넣어 가야지.
이시하라 : 그거 딱 좋네.

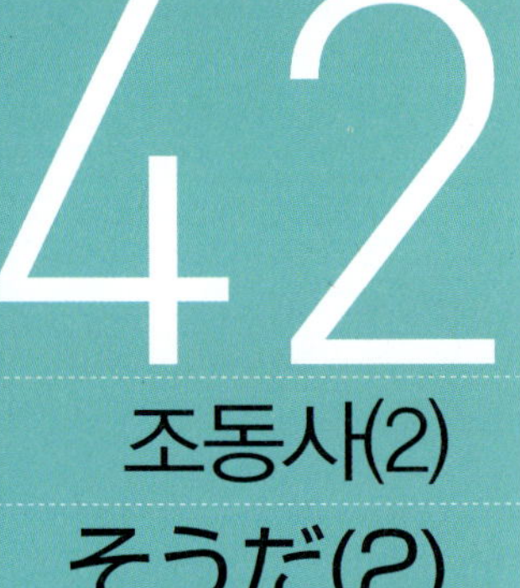

42

조동사(2)
そうだ(2)

| 103 | 모든 활용어의 기본형 + そうだ |

~한다고 한다(전문)

ex 弟だ 남동생이다 → 弟だそうだ 남동생이라고 한다

美しい 아름답다 → 美しいそうだ 아름답다고 한다

きれいだ 예쁘다 → きれいだそうだ 예쁘다고 한다

教える 가르치다 → 教えるそうだ 가르친다고 한다

手伝う 돕다 → 手伝うそうだ 돕는다고 한다

する 하다 → するそうだ 한다고 한다

くる 오다 → くるそうだ 온다고 한다

彼女はこの会社の代表だそうだ。 그녀는 이 회사의 대표라고 한다.

彼はとても元気だそうです。 그는 매우 건강하다고 합니다.

みんなで私を手伝うそうです。 모두 나를 돕는다고 합니다.

다음 두 문장의 차이는 무엇일까?

明日は先生と一緒に行きます。
明日は先生と一緒に行くのです。

위 문장은 단순히 사실의 전달에만 관심이 있는 경우이고, 아래 문장은 '강조' 또는 '설명' 하는 느낌이 강한 경우이다. 여기에 쓰인 の는 '~의'가 아니라 형식명사 '것'으로서의 역할 을 한다. 따라서 위 두 문장을 직역하면 다음과 같다.

내일은 선생님과 함께 갑니다. / 내일은 선생님과 함께 가는 것입니다.

'내일 선생님과 함께 간다'는 내용은 같지만, 뉘앙스의 차이는 크다. 앞으로는 이런 식의 표현에 주의하며 학습하도록 하자.

石原： 北海道（ほっかいどう）の冬（ふゆ）はとてもきれいだそうですね。

鈴木： そうですね。夜（よる）の景色（けしき）も本当（ほんとう）に美（うつく）しいそうですよ。

石原： 今年（ことし）の冬に中山（なかやま）さん、北海道へ行（い）くそうですね。

鈴木： ええ、そう聞（き）きましたけど、どなたと一緒（いっしょ）に行くのでしょう。

石原： それは弟（おとうと）さんとだそうですよ。

鈴木： では、私たちも一緒に行きませんか。

石原： はい、そうしましょう。

이시하라 : 홋카이도의 겨울은 매우 멋있다는군요.
스즈키 : 맞아요. 밤 경치도 정말 아름답다고 합니다.
이시하라 : 올 겨울에 나카야마 씨, 홋카이도에 간다고 합니다.
스즈키 : 예, 그렇게 들었습니다만, 어느 분과 함께 가는 걸까요?
이시하라 : 그것은 남동생과 함께라고 합니다.
스즈키 : 그럼 우리도 함께 가지 않겠습니까?
이시하라 : 예, 그렇게 합시다.

石原： 北海道の冬はとてもきれいだそうだね。
鈴木： そうね。夜の景色も本当に美しいそうよ。
石原： 今年の冬に中山さん、北海道へ行くそうだね。
鈴木： うん、そう聞いたけど、誰と一緒に行くの。
石原： それは弟さんとだそうだよ。
鈴木： じゃ、私たちも一緒に行かない。
石原： うん、そうしよう。

이시하라 : 홋카이도의 겨울은 매우 멋있다는군.
스즈키 : 그래. 밤 경치도 정말 아름답대.
이시하라 : 올 겨울에 나카야마 씨, 홋카이도에 간다고 하던데.
스즈키 : 응, 그렇게 들었는데, 누구와 함께 가는 거야?
이시하라 : 그것은 남동생과 함께라고 하던데.
스즈키 : 그럼 우리도 함께 가지 않을래?
이시하라 : 응, 그렇게 하자.

冬（ふゆ） 겨울
夜（よる） 밤
景色（けしき） 경치
本当（ほんとう）に 정말로
今年（ことし） 올해
聞（き）く 듣다(5단동사)
～けど ～지만, ～인데
誰（だれ） 누구
～と ～와(과)
一緒（いっしょ）に 함께
弟（おとうと）さん (남의) 남동생
～たち ～들(복수 접미사)
私たち 우리
～も ～도

43

조동사(3)
ようだ
らしい(1)

104

형용사와 동사의 기본형 + **ようだ** ~할 것 같다(추측)

형용사와 동사의 기본형 + **らしい** ~할 것 같다(추측)

ようだ는 '형용동사'와 같게 활용하고, らしい는 '형용사'와 같게 활용한다. ようだ는 막연한 추측을 나타내지만, らしい는 근거가 있는 추측을 나타낸다. 즉 らしい를 쓰려면 누구에게 정보를 들었다거나, 뉴스를 통해 알았다거나 하는 근거가 있어야 한다.

ex 危ない 위험하다 → 危ないようだ 위험할 것 같다

危ない 위험하다 → 危ないらしい 위험할 것 같다

降る (눈·비가) 내리다 → 降るようだ 내릴 것 같다

降る (눈·비가) 내리다 → 降るらしい 내릴 것 같다

105

과거의 조동사 **た** + **ようだ/らしい** ~한 것 같다(추측)

부정의 조동사 **ない** + **ようだ/らしい** ~지 않은 것 같다(추측)

ex 雨が降ったようだ。 비가 내린 것 같다.(근거 없는 추측)

雨が降ったらしい。 비가 내린 것 같다.(근거 있는 추측)

雨は降らないようです。 비는 내리지 않을 것 같습니다.(근거 없는 추측)

雨は降らないらしいです。 비는 내리지 않을 것 같습니다.(근거 있는 추측)

石原： あ！ 雨が降るようですね。

鈴木： どれ？ あ、本当だ。大変！ 傘持ってくるの忘れたのに。

石原： それより、明日も雨が降るらしいですよ。

鈴木： へえ、本当ですか。明日は野外パーティーが予定されている

じゃありませんか。

石原： それに雨に備えた準備もできていないようですよ。

鈴木： では、なんとか対策を……。

이시하라 : 에! 비가 내리는 것 같은데요?
스즈키　 : 어디요? 아, 정말이네? 큰일이다! 우산 가져오는 거 깜빡했는데.
이시하라 : 그보다 내일도 비가 오는 것 같아요.
스즈키　 : 뭐라구요? 정말이에요? 내일은 야외 파티가 예정되어 있잖아요.
이시하라 : 게다가 비에 대비한 준비도 되어 있지 않은 것 같아요.
스즈키　 : 그럼 어떻게든 대책을…….

雨(あめ) 비
どれ 어디('좀 보자' 하며 확인할 때 쓴다)
大変(たいへん)だ 큰일이다
傘(かさ) 우산
持(も)つ 가지다(5단동사)
忘(わす)れる 잊다(1단동사)
~のに ~인데(역접)
~より ~보다(비교)
明日(あした) 내일
野外(やがい) 야외
パーティー 파티
予定(よてい) 예정
される 되다
それに 게다가, 그 위에
備(そな)える 대비하다(1단동사)
準備(じゅんび) 준비
できる 되다, 가능하다
なんとか 어떻게든
対策(たいさく) 대책

石原：あ！ 雨が降るようだね。
鈴木：どれ？ あ、本当だ。大変！ 傘持ってくるの忘れたのに。
石原：それより、明日も雨が降るらしいよ。
鈴木：へえ、本当。明日は野外パーティーが予定されているじゃない。
石原：それに雨に備えた準備もできていないようだよ。
鈴木：じゃ、なんとか対策を……。

이시하라 : 에! 비가 내리는 것 같네?
스즈키　 : 어디? 아, 정말이네? 큰일이다! 우산 가져오는 거 깜빡했는데.
이시하라 : 그보다 내일도 비가 오는 것 같아.
스즈키　 : 뭐라구? 정말? 내일은 야외 파티가 예정되어 있잖아.
이시하라 : 게다가 비에 대비한 준비도 되어 있지 않은 것 같아.
스즈키　 : 그럼 어떻게든 대책을…….

| 106 | 형용동사의 어간 + **の** + **ようだ** ~할 것 같다(추측)
형용동사의 어간 + **らしい** ~할 것 같다(추측) |

ex 元気だ (げんき) 건강하다

元気**のようだ** 건강할 것 같다

元気**らしい** 건강할 것 같다

| 107 | 명사 + **の** + **ようだ** ~인 것 같다(추측)
명사 + **らしい** ~인 것 같다(추측)/~답다 |

참고 らしい가 명사에 붙을 때는 뜻이 두 가지 있는 것에 주의하자.

ex 犯人は彼**のようだ**。 (はんにん/かれ) 범인은 그인 것 같다.(근거 없는 추측)

犯人は彼**らしい**。 범인은 그인 것 같다.(근거 있는 추측)

彼は男**らしい**男だ。 (おとこ) 그는 남자다운 남자다.

ようだ와 らしい의 활용

조동사는 모양에 따라 형용사 또는 형용동사, 동사처럼 활용을 한다. 즉 ようだ는 기본형의 모양이 형용동사처럼 생겼기 때문에 형용동사와 똑같은 활용을 하고, らしい는 기본형의 모양이 형용사처럼 생겼기 때문에 형용사와 똑같은 활용을 한다.

ようだ ~인 것 같다	らしい ~인 것 같다
ようです ~인 것 같습니다	らしいです ~인 것 같습니다
ようではない ~인 것 같지 않다	らしくない ~인 것 같지 않다
ような + 명사 ~인 것 같은 (명사)	らしい + 명사 ~인 것 같은 (명사)
ようなら(ば) ~인 것 같으면	らしければ ~인 것 같으면

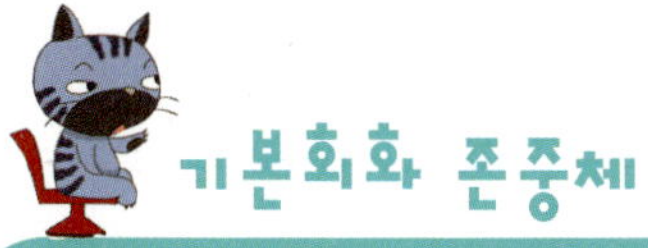

Track 81

石原： 部長は外出のようですね。

鈴木： そうらしいですが、何かご用でしょうか。

石原： ちょっと相談したいことがありまして。
　　　 ところで次長はどこでしょう。

鈴木： 次長も外出らしいですよ。何か急用でもありますか。
　　　 いらいらしていて、石原さんらしくないですよ。

石原： 実は私、仕事のことで失敗してしまって……。

鈴木： 石原さん、落ち着いてください。部長に電話してみましょう。

이시하라 : 부장님은 외출한 것 같군요.
스즈키 : 그런 것 같은데요, 무언가 용무가 있습니까?
이시하라 : 좀 상담하고 싶은 일이 있어서요. 그런데 차장님은 어디에 계시죠?
스즈키 : 차장님도 외출하신 것 같아요.
　　　 무슨 급한 용무라도 있습니까? 안절부절못하고 이시하라 씨답지 않네요.
이시하라 : 실은 제가 업무 상 실수를 하고 말아서…….
스즈키 : 이시하라 씨, 침착해 주세요. 부장님께 전화해 봅시다.

石原： 部長は外出のようだね。
鈴木： そうらしいけど、何か用なの。
石原： ちょっと相談したいことがあって。ところで次長はどこ。
鈴木： 次長も外出らしいよ。何か急用でもあるの。
　　　 いらいらしていて、石原君らしくないわ。
石原： 実は僕、仕事のことで失敗してしまって……。
鈴木： 石原君、落ち着いて。部長に電話してみよう。

이시하라 : 부장님은 외출한 것 같군.
스즈키 : 그런 것 같은데, 무언가 용무가 있니?
이시하라 : 좀 상담하고 싶은 일이 있어서. 그런데 차장님은 어디에 계셔?
스즈키 : 차장님도 외출하신 것 같아. 무슨 급한 용무라도 있어?
　　　 안절부절못하고 이시하라답지 않네.
이시하라 : 실은 나, 업무 상 실수를 하고 말아서…….
스즈키 : 이시하라, 침착해. 부장님께 전화해 보자.

部長(ぶちょう) 부장
外出(がいしゅつ) 외출
何(なに)か 무언가
用(よう) 용무
ちょっと 좀, 조금
相談(そうだん) 상담
ところで 그런데
次長(じちょう) 차장
急用(きゅうよう) 급한 용무
～でも ～라도
いらいらする 안절부절못함
実(じつ)は 실은
仕事(しごと) 일, 업무
～のことで ～의 일로, ～의 일 때문에
失敗(しっぱい) 실수, 실패
～てしまう ～해 버리다, ～하고 말다
落(お)ち着(つ)く 침착하다, 진정하다
(5단동사)
電話(でんわ) 전화

45
조동사(5)
みたいだ

108	명사 + **みたいだ** ~인 것 같다(비유)
	형용사의 기본형 + **みたいだ** ~한 것 같다(추측)
	형용동사의 어간 + **みたいだ** ~한 것 같다(추측)
	동사의 기본형 + **みたいだ** ~할 것 같다(추측)
	ない + **みたいだ** ~지 않을 것 같다(추측)
	た + **みたいだ** ~한 것 같다(추측)

みたいだ는 형용동사처럼 활용한다.

ex 幸子ちゃんはまるで男の子みたいだ。　유키코는 마치 남자아이 같다.

あの山は高いみたいですね。　그 산은 높은 것 같군요.

先生は元気みたいですよ。　선생님은 건강한 것 같습니다.

パーティーには彼も行くみたいです。　파티에는 그도 갈 것 같습니다.

彼は行かないみたいです。　그는 가지 않을 것 같습니다.

彼はもう行ったみたいです。　그는 벌써 간 것 같습니다.

어구

まるで 마치
男(おとこ)の子(こ) 남자 아이
山(やま) 산
高(たか)い 높다(형용사)
元気(げんき)だ 건강하다(형용동사)
もう 이미, 벌써

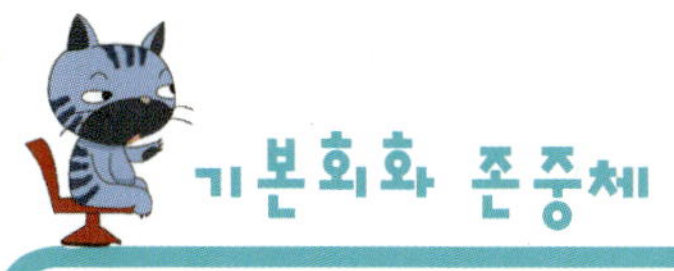

石原： 幸子（ゆきこ）ちゃんは、まるで男（おとこ）の子みたいですね。

鈴木： ええ、おもちゃなんかもロボットや銃（じゅう）などばっかりですよ。

石原： 服（ふく）もズボンばかり履（は）くみたいですね。

鈴木： そうですね。友達（ともだち）も男の子のほうが多（おお）いらしいですよ。

石原： 顔（かお）はあんなにかわいいのに、珍（めずら）しいですね。

鈴木： でも、心（こころ）はやさしいようで、母親（ははおや）の姉（あね）は安心（あんしん）しているんですよ。

이시하라 : 유키코는 마치 남자아이 같네요.
스즈키 : 예, 장난감 같은 것도 로봇이나 총 같은 것뿐입니다.
이시하라 : 옷도 바지만 입는 것 같군요.
스즈키 : 그래요. 친구도 남자아이 쪽이 많은 것 같아요.
이시하라 : 얼굴은 저렇게 귀여운데, 신기하네요.
스즈키 : 그래도 마음은 착한 것 같아, 엄마인 언니는 안심하고 있어요.

기본회화 보통체

石原： 幸子ちゃんは、まるで男の子みたいだね。

鈴木： うん、おもちゃなんかもロボットや銃などばっかりだよ。

石原： 服もズボンばかり履くみたいだね。

鈴木： そうね。友達も男の子のほうが多いらしいよ。

石原： 顔はあんなにかわいいのに、珍しいね。

鈴木： でも、心はやさしいようで、母親の姉は安心しているよ。

이시하라 : 유키코는 마치 남자아이 같네.
스즈키 : 응, 장난감 같은 것도 로봇이나 총 같은 것뿐이야.
이시하라 : 옷도 바지만 입는 것 같군.
스즈키 : 그래. 친구도 남자아이 쪽이 많은 것 같아.
이시하라 : 얼굴은 저렇게 귀여운데, 신기하네.
스즈키 : 그래도 마음은 착한 것 같아, 엄마인 언니는 안심하고 있어.

おもちゃ 장난감
～なんか ～같은 것
～も ～도
ロボット 로봇
～や ～(이)나, ～랑(열거)
銃(じゅう) 총
～など ～등, ～따위
～ばかり ～뿐, ～만
服(ふく) 옷
ズボン 바지
履(は)く 입다(1단동사)
友達(ともだち) 친구
ほう 쪽, 편
多(おお)い 많다(형용사)
顔(かお) 얼굴
かわいい 귀엽다
珍(めずら)しい 진귀하다, 신기하다, 드물다(형용사)
でも 하지만
心(こころ) 마음
やさしい 착하다(형용사)
母親(ははおや) 모친, 어머니
姉(あね) 언니, 누나
安心(あんしん) 안심

조동사 활용의 모든것

　조동사란 혼자서는 말을 만들지 못하고, 다른 말에 붙어야만 비로소 존재의미를 가질 수 있는 말이라는 것은 이미 아는 바와 같다. 그런데 일본어를 가르치다 보면, 이 조동사에 대해 너무 어렵다고 하는 사람들이 많다. 그래서 조동사에 대해 다시 한 번 정리해두고자 한다.

　우선 우리가 지금까지 배워온 조동사들을 한곳에 모아 보도록 하자.

れる・られる	: 수동, 가능, 존경, 자발
せる・させる	: 사역(〜하게 하다)
たい	: 희망(〜하고 싶다)
らしい	: 추정(〜같다)
ようだ	: 양태(〜같다)
そうだ	: 양태(〜같다), 전문(〜한다고 한다)
みたいだ	: 추정(〜같다)

위의 조동사를 자세하게 살펴보면 크게 다음의 세 가지 그룹으로 나눌 수 있다.

れる・られる／せる・させる	→ 동사 같은 모양을 한 그룹
たい／らしい	→ 형용사 같은 모양을 한 그룹
ようだ／そうだ／みたいだ	→ 형용동사 같은 모양을 한 그룹

　이처럼 조동사는 조동사 특유의 어떤 특정한 모양을 가지고 있는 것이 아니라 어떤 것은 동사, 어떤 것은 형용사, 어떤 것은 형용동사와 같은 모양을 가지고 있다. 따라서 이 조동사들이 활용을 할 때에도 제각각 생긴 모양에 따라 활용을 한다.

동사처럼 생긴 조동사(れる・られる／せる・させる)	→ 동사와 똑같이 활용
형용사처럼 생긴 조동사(たい／らしい)	→ 형용사와 똑같은 활용
형용동사처럼 생긴 조동사(ようだ／そうだ／みたいだ)	→ 형용동사와 똑같은 활용

예를 들면 다음과 같다.

行く 가다 ＋ せる 〜하게 하다 ＝ 行かせる 가게 하다

　이 과정을 통해서 行かせる라는 하나의 단어가 새로 생겨났다고 생각하면 된다. 그렇다면 '가게 하다'라는 말은 어떻게 활용을 할까?

기본형	行かせる 가게 하다 – 형태 상으로 보면 1단동사와 똑같은 모양을 하고 있다.
미연형	行かせない 가게 하지 않다
연용형	行かせます 가게 합니다
종지형	行かせる 가게 하다
연체형	行かせる人 가게 하는 사람
가정형	行かせれば 가게 하면
명령형	行かせろ 가게 해라
의지형	行かせよう 가게 하자

다른 예를 들면 다음과 같다.

行く 가다 + たい ~하고 싶다 = 行きたい 가고 싶다

이 과정을 통해서 行きたい라는 하나의 단어가 새로 생겨났다고 생각하면 된다. 그렇다면 '가고 싶다'라는 말은 어떻게 활용을 할까?

기본형	行きたい 가고 싶다 – 형태 상으로 보면 형용사와 똑같은 모양을 하고 있다.
미연형	行きたくない 가고 싶지 않다
연용형	行きたいです 가고 싶습니다
종지형	行きたい 가고 싶다
연체형	行きたい人 가고 싶은 사람
가정형	行きたければ 가고 싶으면
추측형	行きたかろう 가고 싶겠지

마지막 예를 들면 다음과 같다.

行く 가다 + ようだ ~할 것 같다 = 行くようだ 갈 것 같다

이 과정을 통해서 行くようだ라는 하나의 단어가 새로 생겨났다고 생각하면 된다. 그렇다면 '갈 것 같다'라는 말은 어떻게 활용을 할까?

기본형	行くようだ 갈 것 같다 – 형태 상으로 보면 형용동사와 똑같은 모양을 하고 있다.
미연형	行くようでない 갈 것 같지 않다
연용형	行くようです 갈 것 같습니다
종지형	行くようだ 갈 것 같다
연체형	行くような人 갈 것 같은 사람
가정형	行くようならば 갈 것 같으면
추측형	行くようだろう 갈 것 같겠지

46

경어(1)
존경어

109 | お +（1단동사）る（기본형）
　　　　　　になる
　　　~하시다

ex 借(か)りる 빌리다 → お借りになる 빌리시다
辞(や)める 그만두다 → お辞めになる 그만두시다

110 | お +（5단동사）ウ段（기본형）
　　　　　イ段 + になる
　　　~하시다

かえる는 예외5단동사이다.

ex 買(か)う 사다 → お買いになる 사시다
着(つ)く 도착하다 → お着きになる 도착하시다
引(ひ)っ越(こ)す 이사하다 → お引っ越しになる 이사하시다
読(よ)む 읽다 → お読みになる 읽으시다
泊(と)まる 묵다 → お泊まりになる 묵으시다
戻(もど)る 되돌아오다 → お戻りになる 되돌아오시다
帰(かえ)る 돌아오다 → お帰りになる 돌아오시다

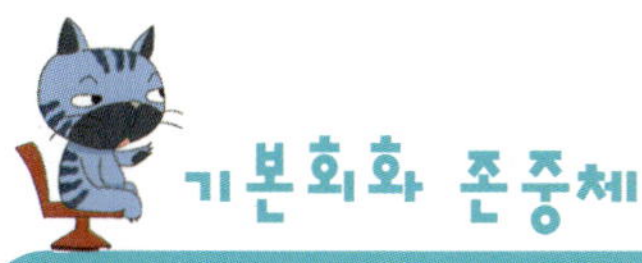

Track 83

石原： 先生は何日間お泊まりになりますか。

鈴木： 四日間だそうです。

石原： では、24日お帰りになるんですね。

鈴木： ええ。それからですね、三日後またお戻りになるんです。

石原： へえ、それでまたお泊まりになるということですか。

鈴木： はい、そうです。

이시하라 : 선생님은 며칠 간 묵으십니까?
스즈키 : 4일 간이라고 합니다.
이시하라 : 그럼, 24일 돌아가시는 거네요.
스즈키 : 예, 그리고 말이죠, 3일 후에 다시 되돌아오십니다.
이시하라 : 아아! 그리고 다시 묵으신다는 뜻이군요.
스즈키 : 예, 그렇습니다.

何日間(なんにちかん) 며칠 간
泊(と)まる 묵다(5단동사)
四日間(よっかかん) 4일 간
では 그럼, 그러면
帰(かえ)る 돌아가다, 돌아오다(예외5단동사)
それから 그리고 나서
～ですね ～말이죠
三日後(みっかご) 3일 후
戻(もど)る 되돌아오다
また 또
それで 그리고, 그래서
～ということ ～라는 뜻, ～라는 것

石原： 先生は何日間お泊まりになる。

鈴木： 四日間だそうよ。

石原： では、24日お帰りになるんだね。

鈴木： うん。それからね、三日後またお戻りになるんだって。

石原： へえ、それでまたお泊まりになるということ。

鈴木： うん、そうよ。

이시하라 : 선생님은 며칠 간 묵으시지?
스즈키 : 4일 간이래.
이시하라 : 그럼, 24일 돌아가시는 거네.
스즈키 : 응, 그리고 말야, 3일 후에 다시 되돌아오신대.
이시하라 : 아아! 그리고 다시 묵으신다는 뜻이군.
스즈키 : 응, 그래.

111 | お + (1단동사) る (기본형)
する

~하다

ex 借りる 빌리다 → お借りする 빌리다
辞める 그만두다 → お辞めする 그만두다

112 | お + (5단동사) ウ段 (기본형)
イ段 + する

~하다

ex 使う 사용하다 → お使いする
手伝う 돕다 → お手伝いする
返す 되돌려주다 → お返しする
読む 읽다 → お読みする
泊まる 묵다 → お泊まりする
戻る 되돌아오다 → お戻りする

이런 표현도 알아두자!

どうぞ는 편리하다?

どうぞ는 무엇을 권할 때 쓰는 말이다. 그런데 무엇을 권하는 상황이 아주 다양하므로, 그 뜻이 여러 가지로 바뀐다. 즉 상황에 따라 다음과 같이 해석이 달라진다는 뜻이다.

1. 누가 자신의 집에 찾아왔을 때 どうぞ라고 하면 '들어가시죠'
2. 손님에게 의자를 가리키거나 방석을 주면서 どうぞ라고 하면 '앉으세요'
3. 음료수를 내 오면서 どうぞ라고 하면 '드세요'
4. 손님이 물건을 들고 빌려가도 되느냐고 물었을 때 どうぞ라고 하면 '그러세요'

등의 뜻을 나타낼 수 있다. 따라서 매우 편리한 표현이다.

鈴木：　石原さん、これ、お借りすることはできないでしょうか。

石原：　いいですよ。どうぞ。

鈴木：　これは明日お返ししてもいいでしょうか。

石原：　大丈夫です。ところで、それは何にお使いになるんですか。

鈴木：　ボイラーが故障して修理しようと思って……。

石原：　そうですか。お手伝いしましょうか。

스즈키　　：이시하라 씨, 이거 빌릴 수 없겠습니까?
이시하라　：괜찮아요. 그러세요.
스즈키　　：이건 내일 돌려드려도 됩니까?
이시하라　：괜찮습니다. 그런데 그것은 무엇에 쓰실 겁니까?
스즈키　　：보일러가 고장나서 수리할까 해서…….
이시하라　：그러세요? 도와드릴까요?

借(か)りる 빌리다(1단동사)
明日(あした) 내일
～ても ～해도
大丈夫(だいじょうぶ)だ 괜찮다(형용동사)
ところで 그런데
何(なに)に 무엇에
ボイラー 보일러
故障(こしょう)する 고장나다
修理(しゅうり)する 수리하다
～と ～라고
思(おも)う 생각하다(5단동사)

鈴木：　石原君、これ、借りることはできないの。
石原：　いいよ。どうぞ。
鈴木：　これは明日返してもいい。
石原：　大丈夫。ところで、それは何に使うの。
鈴木：　ボイラーが故障して修理しようと思って……。
石原：　そうか。手伝ってあげようか。

스즈키　　：이시하라, 이거 빌릴 수 없을까?
이시하라　：좋아. 그렇게 해.
스즈키　　：이건 내일 돌려줘도 돼?
이시하라　：괜찮아. 그런데 그것은 무엇에 쓰려고?
스즈키　　：보일러가 고장나서 수리할까 해서…….
이시하라　：그래? 도와줄까?

48

경어(3)
특수한 경어

	보통어	존경어	겸양어
113	行く 가다	いらっしゃる 가시다	まいる 가다, 오다
	来る 오다		
	いる 있다		おる 있다
	ある 있다		ござる 있다
	する 하다	なさる 하시다	いたす 하다
	言う 말하다	おっしゃる 말씀하시다	申す, 申し上げる 아뢰다
	食べる 먹다	めしあがる 드시다	いただく 먹다
	飲む 마시다, 삼키다		
	聞く 듣다, 묻다		伺う 듣다, 묻다
	会う 만나다		お目にかかる 뵙다
	訪問する 방문하다		伺う 찾아뵙다
	あげる (남에게) 주다		差し上げる 드리다
	くれる (나에게) 주다	くださる 주시다	いただく 받다
	もらう 받다		

위의 표는 특수하게 쓰는 존경어와 겸양어를 모아놓은 것이다. 우리말로 '먹다'를 존경어로 말할 때 '먹으시다'라고 하지 않고 '드시다, 잡숫다'라는 별도의 용어를 사용하는 것과 같은 것이다. 즉 우리말에서는 '가다, 가시다', '보다, 보시다'처럼 '시'를 이용해 경어를 만드는데, 예외적으로 '드시다(먹다), 주무시다(자다), 계시다(있다), 드리다(주다)' 등의 특수한 말을 쓰는 것과 같은 이치이므로, 잘 익혀 두어 실수하는 일이 없도록 하자.

鈴木： 石原さんはこれからどうなさいますか。

石原： 私はすぐ先生のもとにうかがうつもりです。

鈴木： 先生は今、研究室にいらっしゃるんですか。

石原： いいえ、ついさっきお宅にいらっしゃったのです。

鈴木： では、お宅までいらっしゃるんですね。

私も先生にお目にかかりたいんですが。

石原： じゃあ、ご一緒しましょう。

스즈키　：이시하라 씨는 이제부터 어떻게 하실 겁니까?
이시하라：저는 바로 선생님을 찾아뵐 예정입니다.
스즈키　：선생님은 지금 연구실에 계십니까?
이시하라：아니요, 방금 전에 댁에 가셨습니다.
스즈키　：그럼 댁까지 가시는 거군요. 저도 선생님을 뵙고 싶습니다만.
이시하라：그럼, 함께 가시죠.

これから 앞으로, 지금부터
つもり 작정, 예정
すぐ 바로, 곧
研究室(けんきゅうしつ) 연구실
つい 조금, 바로
さっき 아까, 전
お宅(たく) 댁
〜まで 〜까지
一緒(いっしょ)に 함께, 같이

 기본회화 보통체

鈴木： 石原君はこれからどうするの。
石原： 僕はすぐ先生のもとにうかがうつもりだよ。
鈴木： 先生は今、研究室にいらっしゃるの。
石原： いや、ついさっきお宅にいらっしゃったんだ。
鈴木： では、お宅まで行くのね。
あたしも先生にお目にかかりたいんだけど。
石原： じゃあ、一緒に行こう。

스즈키　：이시하라는 이제부터 어떻게 할 거야?
이시하라：나는 바로 선생님을 찾아뵐 예정이야.
스즈키　：선생님은 지금 연구실에 계셔?
이시하라：아니, 방금 전에 댁에 가셨어.
스즈키　：그럼 댁까지 가는 거구나. 나도 선생님을 뵙고 싶은데.
이시하라：그럼, 함께 가자.

49

독해문(1)

일본

日本は、アジアの東方に、また太平洋の西部にある島国である。朝鮮民主主義人民共和国、大韓民国と隣り合っている。

GDPで世界第2位の経済大国であり、世界経済に強い影響力を持っている。

第二次世界大戦後に成立した日本国憲法を最高規範として、司法・行政・立法の三権が分立する法治国家である。日本の立憲主義は、国民主権、基本的人権の尊重、平和主義、この三つを基調としている。

日本国の国家元首については、日本国憲法で「天皇を日本国と日本国民統合の象徴とする」と表記されているため、元首に対して法的に明確な定めがない。

歴史では天皇が国家権威の中心であり、世界的にも長い王朝と歴史を持つ皇室制度の国家である。現行憲法で日本は立憲君主制である。

地勢的には、海上交易・漁業ともに盛んな海洋国家でもあり、地政学上は典型的なシーパワーに分類される。内海を含む領海、排他的経済水域などの水域面積は約447万平方キロメートルである。これは国土面積の11.7倍である。

114 | ～である ～이다
～であり ～이고

～だ(～이다)의 문장체이다.

ex 彼は教師だ。 그는 교사이다.

彼は教師である。 그는 교사이다.

彼は教師であり、生徒に人気がある。
그는 교사이고 학생들에게 인기가 있다.

115 | ～としている
～로 하고(삼고) 있다

ex 今年は100%成長を目標としている。 올해는 100% 성장을 목표로 하고 있다.

アジア 아시아
島国(しまぐに) 섬나라
～である ～이다(だ의 문장체)
隣(とな)り合(あ)う 서로 이웃하다
～であり ～이고(～であるを ～であり로 바꾸고 쉼표를 찍으면 문장을 쉬었다가 간다)
強(つよ)い 강하다, 세다(형용사)
持(も)つ 가지다, 들다(5단동사)
成立(せいりつ)した 성립한(した는 する〈하다〉 + た〈과거〉로 이루어진 것)
～として ～로 하고
三(みっ)つ 세 개
～については ～에 대해서는
～される ～되다
～ため ～때문에, ～을 위해
～に対(たい)して ～에 대해
～的(てき)に ～적으로
明確(めいかく)だ 명확하다
定(さだ)め 규정
～的(てき)にも ～적으로도
～ともに 다같이, 더불어
盛(さか)んだ 번성하다
～でもあり ～이기도 하고
分類(ぶんるい)される 분류되다
含(ふく)む 포함하다
～など ～등

일본은 아시아의 동쪽에, 또 태평양의 서부에 있는 섬나라이다. 조선민주주의인민공화국(북한), 대한민국과 서로 이웃하고 있다.

GDP로 세계 제2위의 경제대국이고, 세계경제에 강한 영향력을 가지고 있다.

제2차 세계대전 후에 성립한 일본국 헌법을 최고규범으로 하고, 사법, 행정, 입법의 삼권이 분립하는 법치국가이다. 일본의 입헌주의는 국민주권, 기본적 인권의 존중, 평화주의, 이 세 가지를 기조로 하고 있다.

일본국의 국가원수에 대해서는 일본국 헌법에 '천황을 일본국과 일본국민 통합의 상징으로 한다'고 표기되어 있기 때문에, 원수에 대해 법적으로 명확한 규정이 없다.

역사에서는 천황이 국가권위의 중심이고, 세계적으로도 오랜 왕조와 역사를 가진 황실제도의 국가이다. 현행 헌법에서 일본은 입헌군주제이다.

지세적으로는 해상무역·어업 모두 왕성한 해양국가이기도 하고, 지정학상으로는 전형적인 해양권력(sea power)으로 분류된다. 내해를 포함한 영해, 배타적 경제수역 등의 수역면적은 약 447만 평방킬로미터이다. 이것은 국토면적의 11.7배이다.

Track 87

50

독해문(2)

일본의 정치

日本の政治は、日本国憲法に則って行われる。日本国憲法は、主権が国民に由来する「国民主権」、自由と平等の両立を目指す「基本的人権の尊重」、戦争の放棄と戦力の不保持を定める「平和主義」をいわゆる三大原理とする。

統治機構は権力分立(三権分立)に基づく。立法権は国会に、行政権は内閣に、司法権は裁判所に属する。天皇には、国政に関する権能はない。

日本の政治は、国会と内閣を中心に行われる。国会と内閣は、一応分立しながら協働して国政を行う議院内閣制を採る。

国会は、衆議院と参議院の二院からなる二院制の議会である。衆議院は参議院より強い権限を持つ。

内閣は、内閣総理大臣と、その他の国務大臣からなる合議制の機関である。内閣総理大臣は、国会議員の中から国会の議決によって指名され、天皇に任命される。

裁判所は、司法権のほかに法令審査権を持つ。これは、法令や行政行為などの合憲性を審査して、最終的に判断する権限である。

116 | 〜に属^{ぞく}する
〜에 속하다

ex これは官庁^{かんちょう}の権限^{けんげん}に属^{ぞく}する事務^{じむ}である。
이것은 관청의 권한에 속하는 사무이다.

117 | 〜を採^とる
〜을 채택하다, 채집하다

ex 国連^{こくれん}は核拡散防止措置^{かくかくさんぼうしそち}を採^とった。　유엔은 핵확산방지조치를 채택했다.
虫^{むし}を採^とる。　곤충을 채집하다.

118 | 〜からなる
〜로 구성되다

ex この本^{ほん}は8人^{にん}の論文^{ろんぶん}からなっている。
이 책은 여덟 명의 논문으로 구성되어 있다.

일본의 정치는 일본국 헌법에 준해 행해진다. 일본국 헌법은 주권이 국민에게 유래하는 '국민주권', 자유와 평등의 양립을 지향하는 '기본적 인권의 존중', 전쟁의 포기와 무력 비소유를 규정한 '평화주의'를 소위 3대 원리로 한다.
통치기구는 권력분립(삼권분립)에 근거한다. 입법권은 국회에, 행정권은 내각에, 사법권은 재판소에 속한다. 천황에게는 국정에 관한 권한은 없다.
일본의 정치는 국회와 내각을 중심으로 행해진다. 국회와 내각은 일단 분립하면서 협동하여 국정을 행하는 의원내각제를 채택한다.
국회는 중의원과 참의원의 2원으로 구성되는 이원제의 의회이다. 중의원은 참의원보다 강한 권한을 갖는다.
내각은 내각총리대신과 그 외의 국무대신으로 구성되는 합의제 기관이다. 내각총리대신은 국회의원 중에서 국회의 의결에 따라 지명되고, 천황에게 임명된다.
재판소는 사법권 외에 법령심사권을 가진다. 이것은 법령이나 행정행위 등의 합헌성을 심사하고 최종적으로 판단하는 권한이다.

則(のっと)る 준하다
行(おこな)う 행하다
目指(めざ)す 지향하다
放棄(ほうき) 방기, 포기
不保持(ふほじ) 비소유, 소유하지 않음
定(さだ)める 규정하다
いわゆる 이른바
〜とする 〜로 하다
基(もと)づく 근거하다
〜に関(かん)する 〜에 관한
一応(いちおう) 일단
〜ながら 〜하면서
〜より 〜보다(비교)
その他(た)の 그 밖의
〜によって 〜에 의해
〜のほかに 〜외에

MEMO

부록(1)
품사별 핵심 정리

01 품사별 활용 총정리

각 품사의 활용 형태를 정리해 두었다. 각 품사와 관련된 모든 활용이 들어 있으므로 총정리 차원에서 점검해 보고 아직 익숙하지 않은 활용에 대해서는 잘 익혀 두기 바란다.

1 명사 정리

바뀌지 않음	바뀌는 부분	붙는 말	뜻(용어)
学生 (がくせい)	だ	×	학생이다(단정)
	で(は)	ない	학생이 아니다(부정)
	で(は)	なかった	학생이 아니었다(과거 부정)
	だっ	た	학생이었다(과거)
	です	×	학생입니다(정중)
	で(は)	ありません	학생이 아닙니다(정중 부정)
	で(は)	ありませんでした	학생이 아니었습니다(과거 정중 부정)
	でし	た	학생이었습니다(정중 과거)
	でしょ	う	학생이겠죠(정중 추측)
	で	×	학생이고(중지법)
	に	なる (되다)	학생이 되다
	の	×	학생의(명사 수식)
	なら	ば	학생이라면(가정)
	だろ	う	학생이겠지(추측)
	である	×	학생이다(문어체 단정)

모든 명사가 이 표에 적용된다.
괄호 안은 있어도 되고 없어도 된다.

다음의 명사들도 위 표에 대입해 반복해서 읽으면서 명사 변화에 익숙해지자.

学生(がくせい) 학생 | 会社員(かいしゃいん) 회사원 | 先生(せんせい) 선생님 | 社長(しゃちょう) 사장 | 医者(いしゃ) 의사 | 警察官(けいさつかん) 경찰관 | 弁護士(べんごし) 변호사 | 銀行員(ぎんこういん) 은행원 | バス 버스 | ほん 책 | つくえ 책상 | いす 의자 | 果物(くだもの) 과일 | テレビ 텔레비전

바뀌지 않음	바뀌는 부분	붙는 말	뜻(용어)
うつくし	い	×	아름답다(단정)
	く	ない	아름답지 않다(부정)
	く	なかった	아름답지 않았다(과거 부정)
	かっ	た	아름다웠다(과거)
	い	です	아름답습니다(정중)
	く	ありません	아름답지 않습니다(정중 부정)
	く	ありませんでした	아름답지 않았습니다(과거 정중 부정)
	い	でしょう	아름답겠죠(정중 추측)
	く	×	아름답고(중지법)
	く	て	아름답고, 아름다우니, 아름다워서
	く	なる(되다)	아름다워지다
	い	空<ruby>（そら）</ruby>	아름다운 하늘(명사 수식)
	けれ	ば	아름다우면(가정)
	かろ	う	아름답겠지(추측)

모든 형용사가 이 표에 적용된다.

다음의 형용사들도 위 표에 대입해 반복해서 읽으면서 형용사 변화에 익숙해지자.

美(うつく)しい 아름답다 | 大(おお)きい 크다 | 小(ちい)さい 작다 | 長(なが)い 길다 | 短(みじか)い 짧다 | 高(たか)い (값이)비싸다, 높다 | 安(やす)い (값이)싸다 | 低(ひく)い 낮다 | 重(おも)い 무겁다 | 軽(かる)い 가볍다 | おいしい 맛있다 | 広(ひろ)い 넓다 | 近(ちか)い 가깝다 | 遠(とお)い 멀다 | 新(あたら)しい 새롭다 | 古(ふる)い 오래되다, 낡다 | 太(ふと)い 두껍다, 굵다 | 細(ほそ)い 가늘다 | 嬉(うれ)しい 기쁘다 | 悲(かな)しい 슬프다 | 甘(あま)い (맛이) 달다 | 苦(にが)い 쓰다 | 難(むずか)しい 어렵다 | やさしい 쉽다, 착하다 | うるさい 시끄럽다 | きたない 더럽다, 지저분하다 | 涼(すず)しい 선선하다, 서늘하다 | 固(かた)い 딱딱하다 | やわらかい 부드럽다 | 危(あぶ)ない 위험하다 | 寂(さび)しい 쓸쓸하다, 외롭다 | 楽(たの)しい 즐겁다 | 白(しろ)い 희다, 하얗다 | 黒(くろ)い 검다 | 青(あお)い 파랗다 | 赤(あか)い 빨갛다, 붉다 | きいろい 노랗다 | こい 진하다 | うすい 흐리다, 엷다 | 詳(くわ)しい 자세하다, 상세하다

01

③ 형용동사 정리

바뀌지 않음	바뀌는 부분	붙는 말	뜻(용어)
親切 _{しんせつ}	だ	×	친절하다(단정)
	で(は)	ない	친절하지 않다(부정)
	で(は)	なかった	친절하지 않았다(과거 부정)
	だっ	た	친절했다(과거)
	です	×	친절합니다(정중)
	で(は)	ありません	친절하지 않습니다(정중 부정)
	で(は)	ありませんでした	친절하지 않았습니다(과거 정중 부정)
	でし	た	친절했습니다(정중 과거)
	でしょ	う	친절하겠죠(정중 추측)
	で	×	친절하고(중지법)
	に	なる (되다)	친절해지다
	な	学生	친절한 학생(명사 수식)
	なら	ば	친절하다면(가정)
	だろ	う	친절하겠지(추측)
	である	×	친절하다(문어체 단정)

모든 형용동사가 이 표에 적용된다.
괄호 안은 있어도 되고 없어도 된다.

다음의 형용동사들도 위 표에 대입해 반복해서 읽으면서 형용동사 변화에 익숙해지자.

静(しず)かだ 조용하다 | きれいだ 깨끗하다 | 便利(べんり)だ 편리하다 | 好(す)きだ 좋아하다 | きらいだ 싫어하다 | 上手(じょうず)だ 잘하다 | 下手(へた)だ 못하다, 서투르다 | 元気(げんき)だ 건강하다 | 大切(たいせつ)だ 중요하다, 소중하다 | すてきだ 멋있다 | りっぱだ 훌륭하다 | 有名(ゆうめい)だ 유명하다 | 簡単(かんたん)だ 간단하다 | 無理(むり)だ 무리다 | さかんだ 왕성하다 | にぎやかだ 번화하다, 떠들썩하다 | 新鮮(しんせん)だ 신선하다 | はでだ 화려하다 | じみだ 수수하다 | 大変(たいへん)だ 큰일이다, 힘들다 | 楽(らく)だ 편하다 | 丈夫(じょうぶ)だ 튼튼하다 | 大丈夫(だいじょうぶ)だ 괜찮다 | ぜいたくだ 사치스럽다 | 自然(しぜん)だ 자연스럽다

④ 5단동사 정리

기본형	ない형	ます형	て형	명사수식	가정형	명령형	의지형
会う 만나다	会わない 만나지 않다	会います 만납니다	会って 만나고	会う 만나는	会えば 만나면	会え 만나라	会おう 만나자
立つ 서다	立たない 서지 않다	立ちます 섭니다	立って 서고/서서	立つ 서는	立てば 서면	立て 서라	立とう 서자
作る 만들다	作らない 만들지 않다	作ります 만듭니다	作って 만들고	作る 만드는	作れば 만들면	作れ 만들어라	作ろう 만들자
死ぬ 죽다	死なない 죽지 않다	死にます 죽습니다	死んで 죽고	死ぬ 죽는	死ねば 죽으면	死ね 죽어라	死のう 죽자
読む 읽다	読まない 읽지 않다	読みます 읽습니다	読んで 읽고	読む 읽는	読めば 읽으면	読め 읽어라	読もう 읽자
遊ぶ 놀다	遊ばない 놀지 않다	遊びます 놉니다	遊んで 놀고	遊ぶ 노는	遊べば 놀면	遊べ 놀아라	遊ぼう 놀자
書く 쓰다	書かない 쓰지 않다	書きます 씁니다	書いて 쓰고/써서	書く 쓰는	書けば 쓰면	書け 써라	書こう 쓰자
泳ぐ 수영하다	泳がない 수영하지 않다	泳ぎます 수영합니다	泳いで 수영하고	泳ぐ 수영하는	泳げば 수영하면	泳げ 수영해라	泳ごう 수영하자
話す 이야기하다	話さない 이야기하지 않다	話します 이야기합니다	話して 이야기하고	話す 이야기하는	話せば 이야기하면	話せ 이야기해라	話そう 이야기하자
行く 가다	行かない 가지 않다	行きます 갑니다	行って 가고/가서	行く 가는	行けば 가면	行け 가라	行こう 가자
走る 달리다	走らない 달리지 않다	走ります 달립니다	走って 달리고	走る 달리는	走れば 달리면	走れ 달려라	走ろう 달리자
帰る 돌아오다	帰らない 돌아오지 않다	帰ります 돌아옵니다	帰って 돌아오고	帰る 돌아오는	帰れば 돌아오면	帰れ 돌아와라	帰ろう 돌아가자

모든 5단동사가 이 표에 적용된다.
색으로 표시된 글자를 잘 보면 동사의 변화를 알 수 있다.
行く는 い음편을 해야 하지만, 예외적으로 촉음편을 한다.
走る와 帰る는 1단동사의 모양을 하고 있지만, 예외5단동사이다.

01

⑤ 1단동사 정리

기본형	ない형	ます형	て형	명사수식	가정형	명령형	의지형
見る 보다	見ない 보지 않다	見ます 봅니다	見て 보고/봐서	見る 보는	見れば 보면	見ろ 봐라	見よう 보자
着る 입다	着ない 입지 않다	着ます 입습니다	着て 입고	着る 입는	着れば 입으면	着ろ 입어라	着よう 입자
起きる 일어나다	起きない 일어나지 않다	起きます 일어납니다	起きて 일어나고	起きる 일어나는	起きれば 일어나면	起きろ 일어나라	起きよう 일어나자
借りる 빌리다	借りない 빌리지 않다	借ります 빌립니다	借りて 빌리고	借りる 빌리는	借りれば 빌리면	借りろ 빌려라	借りよう 빌리자
食べる 먹다	食べない 먹지 않다	食べます 먹습니다	食べて 먹고	食べる 먹는	食べれば 먹으면	食べろ 먹어라	食べよう 먹자
開ける 열다	開けない 열지 않다	開けます 엽니다	開けて 열고	開ける 여는	開ければ 열면	開けろ 열어라	開けよう 열자
伝える 전하다	伝えない 전하지 않다	伝えます 전합니다	伝えて 전하고	伝える 전하는	伝えれば 전하면	伝えろ 전해라	伝えよう 전하자
忘れる 잊다	忘れない 잊지 않다	忘れます 잊습니다	忘れて 잊고	忘れる 잊는	忘れれば 잊으면	忘れろ 잊어라	忘れよう 잊자
決める 결정하다	決めない 결정하지 않다	決めます 결정합니다	決めて 결정하고	決める 결정하는	決めれば 결정하면	決めろ 결정해라	決めよう 결정하자

모든 1단동사가 이 표에 적용된다.
색으로 표시된 글자를 잘 보면 동사의 변화를 알 수 있다.

⑥ 변격동사(불규칙동사) 정리

기본형	ない형	ます형	て형	명사수식	가정형	명령형	의지형
する 하다	しない 하지 않다	します 합니다	して 하고/해서	する 하는	すれば 하면	しろ 해라	しよう 하자
くる 오다	こない 오지 않다	きます 옵니다	きて 오고/와서	くる 오는	くれば 오면	こい 와라	こよう 오자

⑦ 수동・사역・사역수동 표현

기본형	수동	사역	사역수동
読む 읽다	読まれる 읽히다	読ませる 읽게 하다	読ませられる 읽게 함을 당하다(싫은데 억지로 읽다)
押す 누르다	押される 눌리다	押させる 누르게 하다	押させられる 누르게 함을 당하다(싫은데 억지로 누르다)
ふむ 밟다	ふまれる 밟히다	ふませる 밟게 하다	ふませられる 밟게 함을 당하다(싫은데 억지로 밟다)
しかる 혼내다	しかられる 혼나다	しからせる 혼내게 하다	しからせられる 혼내게 함을 당하다(싫은데 억지로 혼내다)
見る 보다	見られる 보이다, 들키다	見させる 보게 하다	見させられる 보게 함을 당하다(싫은데 억지로 보다)
食べる 먹다	食べられる 먹히다	食べさせる 먹게 하다	食べさせられる 먹게 함을 당하다(싫은데 억지로 먹다)
開ける 열다	開けられる 열리다	開けさせる 열게 하다	開けさせられる 열게 함을 당하다(싫은데 억지로 열다)
伝える 전하다	伝えられる 전달받다	伝えさせる 전하게 하다	伝えさせられる 전하게 함을 당하다(싫은데 억지로 전하다)
忘れる 잊다	忘れられる 잊혀지다	忘れさせる 잊게 하다	忘れさせられる 잊게 함을 당하다(싫은데 억지로 잊다)
決める 결정하다	決められる 결정되다	決めさせる 결정하게 하다	決めさせられる 결정하게 함을 당하다(싫은데 억지로 결정하다)
する 하다	される 당하다	させる 시키다	させられる 시킴을 당하다(싫은데 억지로 하다)
くる 오다	こられる 옴을 당하다	こさせる 오게 하다	こさせられる 오게 함을 당하다(싫은데 억지로 오다)

02

① 경어 개괄

일본어 경어에는 존경어 · 겸양어 · 정중어의 세 종류가 있다.

① 존경어: 존경어는 윗사람의 행위나 상태를 높여 말함으로써 상대에 대한 존경심을 나타내는 표현이다.

② 겸양어: 겸양어는 자기 자신이나 자신의 가족 등 자신과 가까운 사람의 행위나 상태를 낮추어 말함으로써 상대를 간접적으로 높이는 표현이다.

③ 정중어: 정중어는 사물을 정중하게 말함으로써 상대에 대한 경의를 나타내는 표현이다.

② 특수한 존경어

우리말에서는 존경어를 만들 때, '가시다, 오시다'처럼 '~시다'를 붙여서 만든다. 그런데 이 규칙이 적용되지 않는 것이 있다.

먹으시다
마시시다

우리는 이런 말을 쓰지 않고 '자시다, 잡수다, 드시다'란 말을 사용한다. 일본어에도 이런 예외가 있는데, 다음과 같은 단어들이다.

> なさる 하시다
> くださる 주시다
> ご覧になる 보시다
> おっしゃる 말씀하시다
> めしあがる 자시다, 잡수다, 드시다
> いらっしゃる 가시다, 오시다, 계시다

이것들은 하나의 단어처럼 외워야 한다.

③ 존경어 공식 ①

お ＋ 동사 ます형 ＋ に ＋ なる

買う 사다(5단동사)	→	買います	→ お買いになる 사시다
書く 쓰다(5단동사)	→	書きます	→ お書きになる 쓰시다
探す 찾다(5단동사)	→	探します	→ お探しになる 찾으시다
待つ 기다리다(5단동사)	→	待ちます	→ お待ちになる 기다리시다
読む 읽다(5단동사)	→	読みます	→ お読みになる 읽으시다
帰る 돌아가다(5단동사)	→	帰ります	→ お帰りになる 돌아가(오)시다
急ぐ 서두르다(5단동사)	→	急ぎます	→ お急ぎになる 서두르시다
呼ぶ 부르다(5단동사)	→	呼びます	→ お呼びになる 부르시다
入る 들어가다(5단동사)	→	入ります	→ お入りになる 들어가시다
勤める 근무하다(1단동사)	→	勤めます	→ お勤めになる 근무하시다
訪ねる 방문하다(1단동사)	→	訪ねます	→ お訪ねになる 방문하시다

예 部長、何時ごろ　お帰りになりますか。　부장님, 몇 시 쯤 돌아오십니까?

동사에 ます를 붙이는 모양을 흔히 「동사의 ます형」이라고 하는데, 본래의 용어로는 '연용형'이라고 한다. 특히 이 모양은 동사 활용에서 가장 많은 곳에 쓰이므로 제대로 알아 두어야 한다.

02

④ 존경어 공식 ②

お + 동사 ます형 + です

書^かく 쓰다	→	書きます	→ お書きです 쓰십니다

書^かく 쓰다　→　書きます　→　お書きです 쓰십니다

探^{さが}す 찾다　→　探します　→　お探しです 찾으십니다

待^まつ 기다리다　→　待ちます　→　お待ちです 기다리십니다

読^よむ 읽다　→　読みます　→　お読みです 읽으십니다

帰^{かえ}る 돌아가다　→　帰ります　→　お帰りです 돌아가(오)십니다

急^{いそ}ぐ 서두르다　→　急ぎます　→　お急ぎです 서두르십니다

入^{はい}る 들어가다　→　入ります　→　お入りです 들어가십니다

勤^{つと}める 근무하다　→　勤めます　→　お勤めです 근무하십니다

예

학생 : 先生^{せんせい}、何^{なに}を お探^{さが}しですか。 선생님, 무엇을 찾으십니까?

교사 : うん、僕^{ぼく}の本^{ほん}。 응, 내 책.

⑤ 겸양어 공식

お + 동사 ます형 + する(또는 **いたす**)

書く 쓰다 →	書きます →	お書きいたす 쓰다
探す 찾다 →	探します →	お探しする 찾다
待つ 기다리다 →	待ちます →	お待ちいたす 기다리다
読む 읽다 →	読みます →	お読みする 읽다
呼ぶ 부르다 →	呼びます →	お呼びする 부르다
訪ねる 방문하다 →	訪ねます →	お訪ねする 방문하다

예 部長、9時まで お待ちします。 부장님, 9시까지 기다리겠습니다.

10時に お訪ねいたします。 10시에 방문 드리겠습니다.

⑥ 특수한 겸양어

> おる 있다
> いたす 하다
> いただく 받다, 먹다, 마시다
> お目にかかる 뵙다
> 申し上げる 말씀 드리다
> うかがう 찾아뵙다, 듣다, 여쭙다

겸양어는 앞에서도 언급한 것처럼 자신을 낮춤으로써 상대를 높이는 말이다.
여기에 있는 겸양어는 앞의 '겸양어 공식'으로는 만들어지지 않는 표현이므로, 단어처럼 외워 두어야 한다.

02

7 정중어

① お와 ご 사용법

기본적으로 お는 고유 일본어에, ご는 한자어에 붙어 상대 또는 제삼자에 대한 존경을 나타낸다.

> 고유어 : お酒 술, お花 꽃, おすし 초밥, お体 몸, 옥체, お庭 정원
>
> 한자어 : ご案内 안내, ご意見 의견, 고견, ご希望 희망, ご訪問 방문

단, 한자어라도 일상생활에서 자주 쓰이는 것 중에는 お를 사용하는 것도 있다.

> お電話 전화　　　　　　　お勉強 공부
>
> お料理 요리　　　　　　　お時間 시간
>
> お約束 약속

② ございます 사용법

> - レストランは、2階に ございます。　레스토랑은 2층에 있습니다.<ありますの 경어>
> - この スカートは、8,000円でございます。　이 스커트는 8,000엔입니다.<ですの 경어>
> - この あたりは 静かでございますね。　이 주변은 조용하군요.<ですの 경어>
> - お暑うございますね。　덥군요.<형용사의 어미 い를 う로 바꿈>

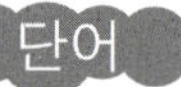
단어　レストラン 레스토랑 | ～階(かい) ~층 | スカート 스커트 | あたり 주변, 부근, 근처 | 静(しず)
かだ 조용하다(형용동사) | 暑(あつ)い 덥다(형용사)

03

조수사(助数詞)

수사에 붙어서 수량이나 시간 등의 단위를 나타내는 말로, 일종의 접미어이다. 우리말과는 개념이 조금 다른 조수사가 많으므로 유의해야 한다.

	~つ 개수	個 (こ) 사물 일반 (개)	冊 (さつ) 책, 노트 (권)	歳 (さい) 나이 (살, 세)	円 (えん) 일본의 화폐 (엔)	本 (ほん) 연필, 우산, 병 등 가늘고 긴 물건
1	ひと 一つ	いっこ 一個	いっさつ 一冊	いっさい 一歳	いちえん 一円	いっぽん 一本
2	ふた 二つ	にこ 二個	にさつ 二冊	にさい 二歳	にえん 二円	にほん 二本
3	みっ 三つ	さんこ 三個	さんさつ 三冊	さんさい 三歳	さんえん 三円	さんぼん 三本
4	よっ 四つ	よんこ 四個	よんさつ 四冊	よんさい 四歳	よえん 四円	よんほん 四本
5	いつ 五つ	ごこ 五個	ごさつ 五冊	ごさい 五歳	ごえん 五円	ごほん 五本
6	むっ 六つ	ろっこ 六個	ろくさつ 六冊	ろくさい 六歳	ろくえん 六円	ろっぽん 六本
7	なな 七つ	ななこ 七個	ななさつ 七冊	ななさい 七歳	ななえん 七円	ななほん 七本
8	やっ 八つ	はっこ 八個	はっさつ 八冊	はっさい 八歳	はちえん 八円	はちほん・はっぽん 八本・八本
9	ここの 九つ	きゅうこ 九個	きゅうさつ 九冊	きゅうさい 九歳	きゅうえん 九円	きゅうほん 九本
10	とお 十	じゅっこ 十個	じっさつ・じゅっさつ 十冊・十冊	じっさい・じゅっさい 十歳・十歳	じゅうえん 十円	じゅっぽん・じっぽん 十本・十本
何 (なん)	いくつ (몇 개)	なんこ 何個 (몇 개)	なんさつ 何冊 (몇 권)	なんさい 何歳 (몇 살)	いくら (얼마)	なんぼん 何本 (몇 자루, 몇 병)

	階 (かい) 건물 (층)	回 (かい) 횟수 (회)	枚 (まい) 종이 등 (장)	台 (だい) 자동차, 기계 등 (대)	番 (ばん) 순서, 번호 (번)	課 (か) 과
1	いっかい 一階	いっかい 一回	いちまい 一枚	いちだい 一台	いちばん 一番	いっか 一課
2	にかい 二階	にかい 二回	にまい 二枚	にだい 二台	にばん 二番	にか 二課
3	さんがい 三階	さんかい 三回	さんまい 三枚	さんだい 三台	さんばん 三番	さんか 三課
4	よんかい 四階	よんかい 四回	よんまい 四枚	よんだい 四台	よんばん 四番	よんか 四課
5	ごかい 五階	ごかい 五回	ごまい 五枚	ごだい 五台	ごばん 五番	ごか 五課
6	ろっかい 六階	ろっかい 六回	ろくまい 六枚	ろくだい 六台	ろくばん 六番	ろっか 六課
7	ななかい 七階	ななかい 七回	ななまい 七枚	ななだい 七台	ななばん 七番	ななか 七課
8	はちかい 八階	はっかい 八回	はちまい 八枚	はちだい 八台	はちばん 八番	はっか 八課
9	きゅうかい 九階	きゅうかい 九回	きゅうまい 九枚	きゅうだい 九台	きゅうばん 九番	きゅうか 九課
10	じゅっかい・じっかい 十階・十階	じっかい・じゅっかい 十回・十回	じゅうまい 十枚	じゅうだい 十台	じゅうばん 十番	じっか・じゅっか 十課・十課
何 (なん)	なんがい 何階 (몇 층)	なんかい 何回 (몇 회)	なんまい 何枚 (몇 장)	なんだい 何台 (몇 대)	なんばん 何番 (몇 번)	なんか 何課 (몇 과)

	〜皿 （さら） 접시	匹 （ひき） 동물 일반 (마리)	頭 （とう） 말, 소 등 (필, 마리)	羽 （わ） 날짐승, 토끼 (마리)	人 （ひと） 사람 (명)	杯 （はい） 잔, 컵 (잔)
1	ひとさら 一皿	いっぴき 一匹	いっとう 一頭	いちわ 一羽	ひとり 一人	いっぱい 一杯
2	ふたさら 二皿	にひき 二匹	にとう 二頭	にわ 二羽	ふたり 二人	にはい 二杯
3	さんさら 三皿	さんびき 三匹	さんとう 三頭	さんば 三羽	さんにん 三人	さんばい 三杯
4	よんさら 四皿	よんひき 四匹	よんとう 四頭	よんわ 四羽	よにん 四人	よんはい 四杯
5	ごさら 五皿	ごひき 五匹	ごとう 五頭	ごわ 五羽	ごにん 五人	ごはい 五杯
6	ろくさら 六皿	ろっぴき 六匹	ろくとう 六頭	ろっぱ 六羽	ろくにん 六人	ろっぱい 六杯
7	ななさら 七皿	ななひき 七匹	ななとう 七頭	ななわ 七羽	ななにん 七人	ななはい 七杯
8	はちさら 八皿	はっぴき 八匹	はっとう 八頭	はちわ 八羽	はちにん 八人	はっぱい 八杯
9	きゅうさら 九皿	きゅうひき 九匹	きゅうとう 九頭	きゅうわ 九羽	きゅうにん 九人	きゅうはい 九杯
10	じっさら・じゅっさら 十皿・十皿	じっぴき・じゅっぴき 十匹・十匹	じっとう・じゅっとう 十頭・十頭	じっぱ・じゅっぱ 十羽・十羽	じゅうにん 十人	じっぱい・じゅっぱい 十杯・十杯
なん 何	なんさら 何皿 (몇 접시)	なんびき 何匹 (몇 마리)	なんとう 何頭 (몇 필, 몇 마리)	なんば 何羽 (몇 마리)	なんにん 何人 (몇 명)	なんばい 何杯 (몇 잔)

	箱 （はこ） 상자	軒 （けん） 집 (채)	曲 （きょく） 음악, 노래 등 (곡)	足 （そく） 신발, 양말 (켤레)	行 （ぎょう） 문장 (행)	泊 （はく） 숙박 (박)
1	ひとはこ 一箱	いっけん 一軒	いっきょく 一曲	いっそく 一足	いちぎょう 一行	いっぱく 一泊
2	ふたはこ 二箱	にけん 二軒	にきょく 二曲	にそく 二足	にぎょう 二行	にはく 二泊
3	さんばこ 三箱	さんげん 三軒	さんきょく 三曲	さんそく 三足	さんぎょう 三行	さんぱく 三泊
4	よんはこ 四箱	よんけん 四軒	よんきょく 四曲	よんそく 四足	よんぎょう 四行	よんはく 四泊
5	ごはこ 五箱	ごけん 五軒	ごきょく 五曲	ごそく 五足	ごぎょう 五行	ごはく 五泊
6	ろくはこ 六箱	ろっけん 六軒	ろっきょく 六曲	ろくそく 六足	ろくぎょう 六行	ろっぱく 六泊
7	ななはこ 七箱	ななけん 七軒	ななきょく 七曲	ななそく 七足	ななぎょう 七行	ななはく 七泊
8	はちはこ 八箱	はっけん 八軒	はっきょく 八曲	はっそく 八足	はちぎょう 八行	はっぱく 八泊
9	きゅうはこ 九箱	きゅうけん 九軒	きゅうきょく 九曲	きゅうそく 九足	きゅうぎょう 九行	きゅうはく 九泊
10	じっぱこ・じゅっぱこ 十箱・十箱	じっけん・じゅっけん 十軒・十軒	じっきょく・じゅっきょく 十曲・十曲	じっそく・じゅっそく 十足・十足	じゅうぎょう 十行	じっぱく・じゅっぱく 十泊・十泊
なん 何	なんばこ 何箱 (몇 상자)	なんげん 何軒 (몇 채)	なんきょく 何曲 (몇 곡)	なんそく 何足 (몇 켤레)	なんぎょう 何行 (몇 행)	なんぱく 何泊 (몇 박)

부록(2)
초급 한자 총정리

| 家
 집 가 | 음 カ・ケ
 훈 いえ・や | か ぞく 家族 가족　か てい 家庭 가정　こっ か 国家 국가　さっ か 作家 작가
 ほん け 本家 본가　ふん け 分家 분가　しゅっ け 出家 출가
 や ちん 家賃 집세　しゃく や 借家 셋집　いえ た 家を建てる 집을 짓다 |

| 歌
 노래 가 | 음 カ
 훈 うた・うたう | か しゅ 歌手 가수　か し 歌詞 가사
 うた 歌 노래　こ も うた 子守り歌 자장가　うた 歌う 노래하다 |

| 間
 사이 간 | 음 カン・ゲン
 훈 あいだ・ま・
 あい | かん かく 間隔 간격　き かん 期間 기간
 にんげん 人間 인간
 あいだ 間 사이, 간격　ま 間 사이, 틈, 짬　あい 間 사이, 틈새 |

| 強
 강할 강 | 음 キョウ・ゴウ
 훈 つよい
 つよまる
 つよめる
 しいる | べんきょう 勉強 공부　きょう か 強化 강화　きょうちょう 強調 강조
 ごうじょう 強情 고집, 고집이 셈　ごうとう 強盗 강도
 つよ 強い 세다, 강하다　つよ 強まる 강해지다
 つよ 強める 강하게 하다　し 強いる 강요하다 |

| 開
 열 개 | 음 カイ
 훈 ひらく
 ひらける
 あく・あける | かい し 開始 개시　かいつう 開通 개통　こうかい 公開 공개　てんかい 展開 전개
 ひら 開く 열리다　ひら 開ける 트이다
 あ 開く (저절로) 열리다　あ 開ける 열다 |

| 去
 갈 거 | 음 キョ・コ
 훈 さる | きょねん 去年 작년　し きょ 死去 사망　じょきょ 除去 제거　てっきょ 撤去 철거
 か こ 過去 과거
 さ 去る 떠나다, 죽다 |

| 建
 세울 건 | 음 ケン・コン
 훈 たてる・たつ | けんこく 建国 건국　けんせつ 建設 건설　さいけん 再建 재건　こんりゅう 建立 건립
 た 建てる (건물 따위를) 세우다, 짓다
 た 建つ (건물 따위가) 서다 |

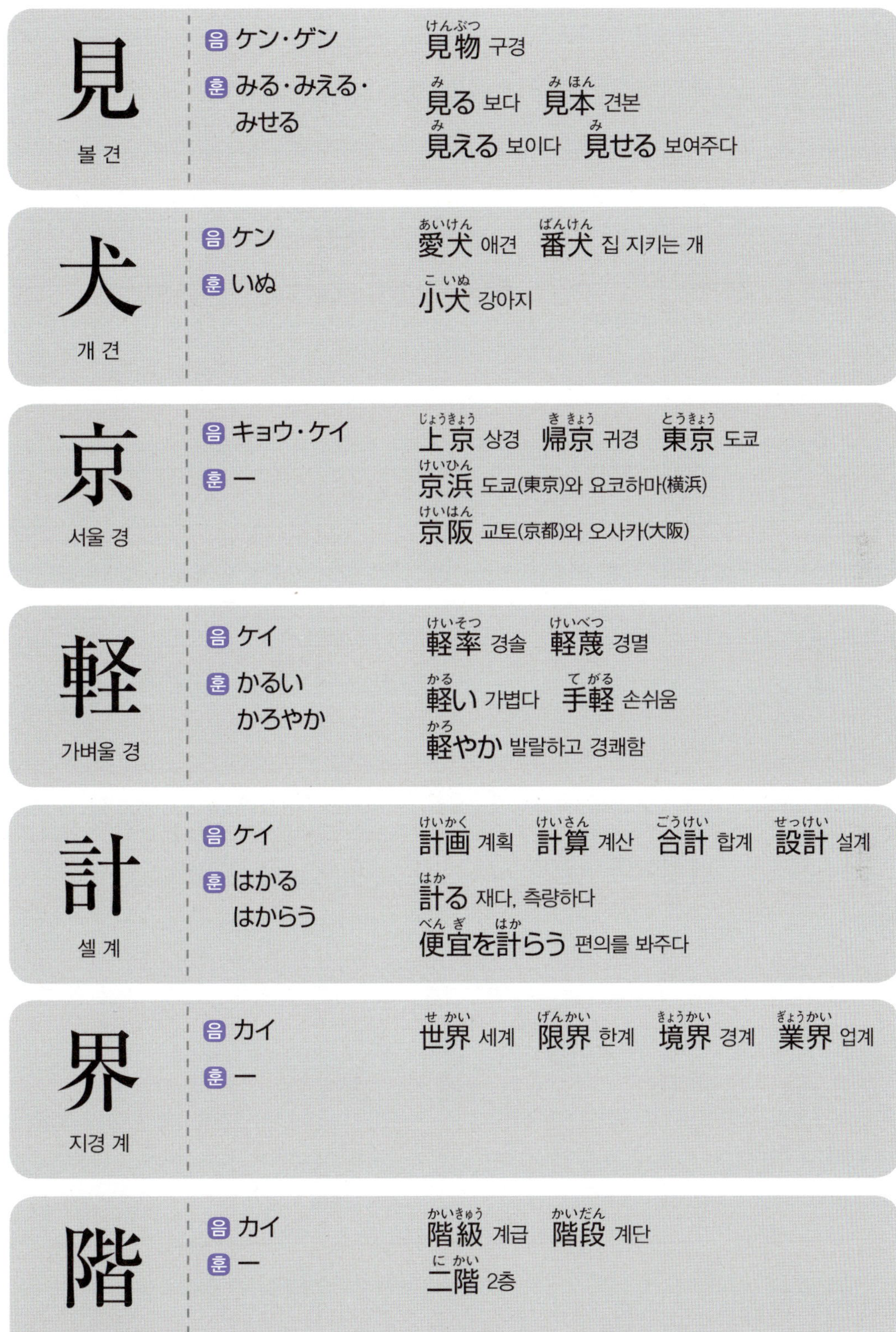

| 見 볼 견 | 음 ケン・ゲン | 見物 구경 |
| | 훈 みる・みえる・みせる | 見る 보다　見本 견본
見える 보이다　見せる 보여주다 |

| 犬 개 견 | 음 ケン | 愛犬 애견　番犬 집 지키는 개 |
| | 훈 いぬ | 小犬 강아지 |

| 京 서울 경 | 음 キョウ・ケイ | 上京 상경　帰京 귀경　東京 도쿄 |
| | 훈 ― | 京浜 도쿄(東京)와 요코하마(横浜)
京阪 교토(京都)와 오사카(大阪) |

| 軽 가벼울 경 | 음 ケイ | 軽率 경솔　軽蔑 경멸 |
| | 훈 かるい　かろやか | 軽い 가볍다　手軽 손쉬움
軽やか 발랄하고 경쾌함 |

| 計 셀 계 | 음 ケイ | 計画 계획　計算 계산　合計 합계　設計 설계 |
| | 훈 はかる　はからう | 計る 재다, 측량하다
便宜を計らう 편의를 봐주다 |

| 界 지경 계 | 음 カイ | 世界 세계　限界 한계　境界 경계　業界 업계 |
| | 훈 ― | |

| 階 계단 계 | 음 カイ | 階級 계급　階段 계단 |
| | 훈 ― | 二階 2층 |

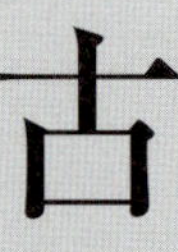

古 옛 고	음 コ 훈 ふるい・ふるす	こだい 古代 고대　こふう 古風 고풍　こうこがく 考古学 고고학　さいこ 最古 최고 ふる 古い 오래되다, 낡다 ふる 古す (동사 연용형에 붙어) 오래 써서 낡게 하다
高 높을 고	음 コウ 훈 たかい 　たかまる	こうそう 高層 고층　こうてい 高低 고저 たか 高い 높다, (키가) 크다　たかね 高値 값이 비쌈 たか 高まる 높아지다, 고조되다
考 생각할 고	음 コウ 훈 かんがえる	こうあん 考案 고안　さんこう 参考 참고　びこう 備考 비고 かんが 考える 생각하다
工 장인 공	음 コウ・ク 훈 ―	こうじょう 工場 공장　こうじ 工事 공사　かこう 加工 가공 くふう 工夫 고안, 궁리　くめん 工面 변통　さいく 細工 세공
空 빌 공	음 クウ 훈 そら・あく 　あける・から	くうき 空気 공기　くうこう 空港 공항　くうかん 空間 공간　こうくう 航空 항공 そら 空 하늘　そらいろ 空色 하늘색　あおぞら 青空 푸른 하늘 せき あ 席が空く 자리가 비다(공석이다) いえ あ 家を空ける 집을 비우다 はこ から 箱は空のままだ 상자는 빈 채이다
課 부과할 과	음 カ 훈 ―	かぜい 課税 과세　かだい 課題 과제 にっか 日課 일과
館 집 관	음 カン 훈 ―	えいがかん 映画館 영화관　かいかん 会館 회관　りょかん 旅館 여관 としょかん 図書館 도서관

光 빛 광	음 コウ 훈 ひかる・ひかり	<ruby>光栄<rt>こうえい</rt></ruby> 영광　<ruby>光景<rt>こうけい</rt></ruby> 광경　<ruby>観光<rt>かんこう</rt></ruby> 관광 <ruby>光<rt>ひか</rt></ruby>る 빛나다　<ruby>光<rt>ひかり</rt></ruby> 빛, 광, 윤
広 넓을 광	음 コウ 훈 ひろい ひろまる ひろめる ひろがる ひろげる	<ruby>広告<rt>こうこく</rt></ruby> 광고　<ruby>広報<rt>こうほう</rt></ruby> 홍보　<ruby>広<rt>ひろ</rt></ruby>い<ruby>運動場<rt>うんどうじょう</rt></ruby> 넓은 운동장 うわさが<ruby>広<rt>ひろ</rt></ruby>まる 소문이 퍼지다 <ruby>知識<rt>ちしき</rt></ruby>を<ruby>広<rt>ひろ</rt></ruby>める 지식을 넓히다 うわさが<ruby>広<rt>ひろ</rt></ruby>がる 소문이 퍼지다 <ruby>両手<rt>りょうて</rt></ruby>を<ruby>広<rt>ひろ</rt></ruby>げる 양손을 펴다
校 학교 교	음 コウ 훈 ―	<ruby>校舎<rt>こうしゃ</rt></ruby> 교사(학교 건물)　<ruby>校長<rt>こうちょう</rt></ruby> 교장　<ruby>登校<rt>とうこう</rt></ruby> 등교
教 가르칠 교	음 キョウ 훈 おしえる おそわる	<ruby>教育<rt>きょういく</rt></ruby> 교육　<ruby>教室<rt>きょうしつ</rt></ruby> 교실　<ruby>宗教<rt>しゅうきょう</rt></ruby> 종교 <ruby>教<rt>おし</rt></ruby>える 가르치다　<ruby>英語<rt>えいご</rt></ruby>を<ruby>教<rt>おそ</rt></ruby>わる 영어를 배우다
口 입 구	음 コウ・ク 훈 くち	<ruby>口実<rt>こうじつ</rt></ruby> 구실　<ruby>口頭<rt>こうとう</rt></ruby> 구두　<ruby>人口<rt>じんこう</rt></ruby> 인구　<ruby>口調<rt>くちょう</rt></ruby> 구조 <ruby>異口同音<rt>いくどうおん</rt></ruby> 이구동성 <ruby>口<rt>くち</rt></ruby> 입　<ruby>入<rt>い</rt></ruby>り<ruby>口<rt>くち</rt></ruby> 입구
九 아홉 구	음 キュウ・ク 훈 ここの ここのか ここのつ	<ruby>九個<rt>きゅうこ</rt></ruby> 아홉 개　<ruby>九月<rt>くがつ</rt></ruby> 9월　<ruby>十中八九<rt>じっちゅうはっく</rt></ruby> 십중팔구 <ruby>九<rt>ここの</rt></ruby> 아홉　<ruby>九日<rt>ここのか</rt></ruby> 9일　<ruby>九<rt>ここの</rt></ruby>つ 아홉, 아홉 살
区 구역 구	음 ク 훈 ―	<ruby>区域<rt>くいき</rt></ruby> 구역　<ruby>区別<rt>くべつ</rt></ruby> 구별　<ruby>区役所<rt>くやくしょ</rt></ruby> 구청

究	음 キュウ	究明 구명　研究 연구　追究 추구
궁구할 구	훈 きわめる	究める 연마하다

国	음 コク・ゴク	国籍 국적　国交 국교 天国 천국
나라 국	훈 くに	国 나라, 국가, 고장

帰	음 キ	帰京 귀경　帰宅 귀가　帰国 귀국　復帰 복귀
돌아올 귀	훈 かえる	帰る 돌아가다, 돌아오다

近	음 キン	近代 근대　近所 근처　最近 최근
가까울 근	훈 ちかい	近い 가깝다

今	음 コン・キン	今夜 오늘 밤　古今 고금
이제 금	훈 いま	今 지금, 현재, 오늘날
	특수한 읽기	今日 오늘　今朝 오늘 아침

金	음 キン・コン	金額 금액　借金 빚 黄金 황금
쇠 금	훈 かね・かな	金 금속, 돈, 화폐　金 쇠붙이

急	음 キュウ	急速 급속　急行 급행　特急 특급
급할 급	훈 いそぐ	急ぐ 서두르다

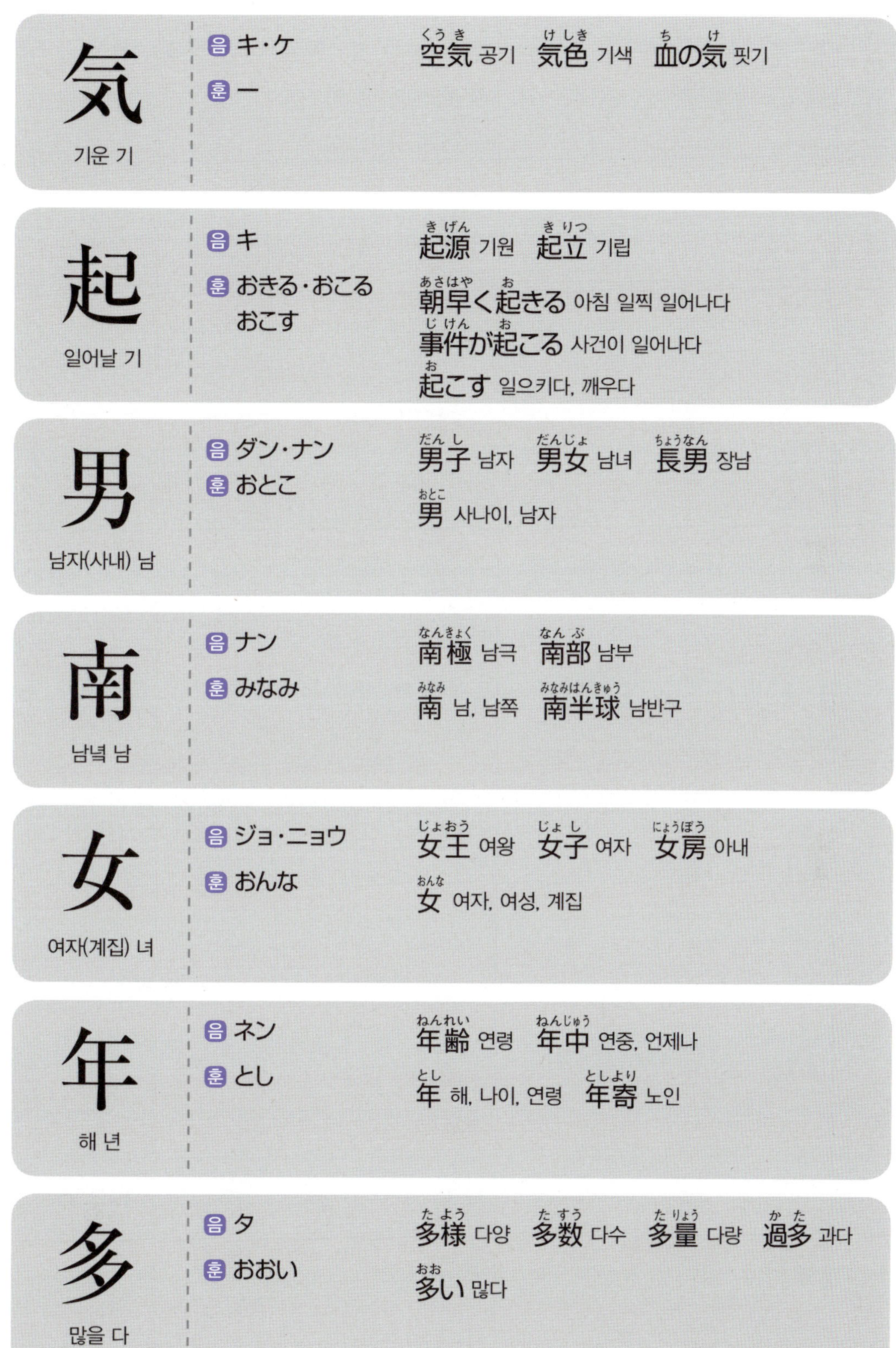

気 기운 기

- 음: キ・ケ
- 훈: ー

空気 공기　気色 기색　血の気 핏기

起 일어날 기

- 음: キ
- 훈: おきる・おこる　おこす

起源 기원　起立 기립
朝早く起きる 아침 일찍 일어나다
事件が起こる 사건이 일어나다
起こす 일으키다, 깨우다

男 남자(사내) 남

- 음: ダン・ナン
- 훈: おとこ

男子 남자　男女 남녀　長男 장남
男 사나이, 남자

南 남녘 남

- 음: ナン
- 훈: みなみ

南極 남극　南部 남부
南 남, 남쪽　南半球 남반구

女 여자(계집) 녀

- 음: ジョ・ニョウ
- 훈: おんな

女王 여왕　女子 여자　女房 아내
女 여자, 여성, 계집

年 해 년

- 음: ネン
- 훈: とし

年齢 연령　年中 연중, 언제나
年 해, 나이, 연령　年寄 노인

多 많을 다

- 음: タ
- 훈: おおい

多様 다양　多数 다수　多量 다량　過多 과다
多い 많다

<table>
<tr><td rowspan="3">茶
차 다(차)</td><td>음 チャ・サ</td><td>お茶 (마시는) 차　茶色 갈색　紅茶 홍차</td></tr>
<tr><td>훈 ー</td><td>緑茶 녹차　茶道 다도</td></tr>
<tr><td></td><td>喫茶店 다방, 찻집</td></tr>

<tr><td rowspan="2">短
짧을 단</td><td>음 タン</td><td>短気 성미가 급함　短所 단점</td></tr>
<tr><td>훈 みじかい</td><td>短い 짧다</td></tr>

<tr><td rowspan="2">段
층계 단</td><td>음 ダン</td><td>段階 단계　段取り 일의 순서, 절차</td></tr>
<tr><td>훈 ー</td><td>手段 수단</td></tr>

<tr><td rowspan="2">答
대답할 답</td><td>음 トウ</td><td>答案 답안　応答 응답　解答 해답</td></tr>
<tr><td>훈 こたえる / こたえ</td><td>答える 대답하다, 답하다　答え 대답, 답, 해답</td></tr>

<tr><td rowspan="2">堂
집 당</td><td>음 ドウ</td><td>食堂 식당　講堂 강당　正々堂々 정정당당</td></tr>
<tr><td>훈 ー</td><td></td></tr>

<tr><td rowspan="3">大
큰 대</td><td>음 タイ・ダイ</td><td>大海 대해　大地 대지</td></tr>
<tr><td>훈 おお・おおきい</td><td>大幅 대폭, 큰 폭</td></tr>
<tr><td></td><td>大きい 크다</td></tr>

<tr><td rowspan="2">待
기다릴 대</td><td>음 タイ</td><td>待遇 대우　待望 대망　期待 기대　招待 초대</td></tr>
<tr><td>훈 まつ</td><td>待つ 기다리다</td></tr>
</table>

台 대 대

- **음** ダイ・タイ
- **훈** ー

にだい
2台 두 대(기계나 자동차 따위를 세는 단위)

だいち
台地 대지　とうだい
灯台 등대, 촛대　たいふう
台風 태풍

ぶたい
舞台 무대

貸 빌릴 대

- **음** タイ
- **훈** かす

たいよ
貸与 대여　ちんたい
賃貸 임대

か
貸す 빌려주다, 대여하다

代 대신할 대

- **음** ダイ・タイ
- **훈** かわる・かえる
  よ・しろ

だいひょう
代表 대표　だいり
代理 대리　じだい
時代 시대　げんだい
現代 현대

こうたい
交代 교대　しんちんたいしゃ
新陳代謝 신진대사

ちち
父に代って参加する 아버지를 대신해 참가하다
かわ　さんか

しょめん
書面で、あいさつに代えます 서면으로 인사를 대
か
신합니다

きみ　よ
君が代 '우리 임금의 시대'라는 뜻 일본 국가로도 알려져 있음

み　だいきん
身の代金 몸 값

都 도읍 도

- **음** ト・ツ
- **훈** みやこ

とかい
都会 도회, 도시　とりつ
都立 도립　つごう
都合 형편, 사정

みやこ
都 서울, 수도, 도읍지

度 법도 도

- **음** ド・ト
- **훈** たく・たび

おんど
温度 온도　かくど
角度 각도　たいど
態度 태도
はっと
法度 법도, 규정

したく
支度 준비　かえ　したく
帰り支度 돌아갈 준비
たびたび
度々 자주　たびかさ
度重なる 거듭되다

道 길 도

- **음** ドウ・トウ
- **훈** みち

どうろ
道路 도로　どうぐ
道具 도구　けんどう
剣道 검도　しょどう
書道 서예
しんとう
神道 신도(일본의 민족 종교)

みち
道 길　ちかみち
近道 지름길

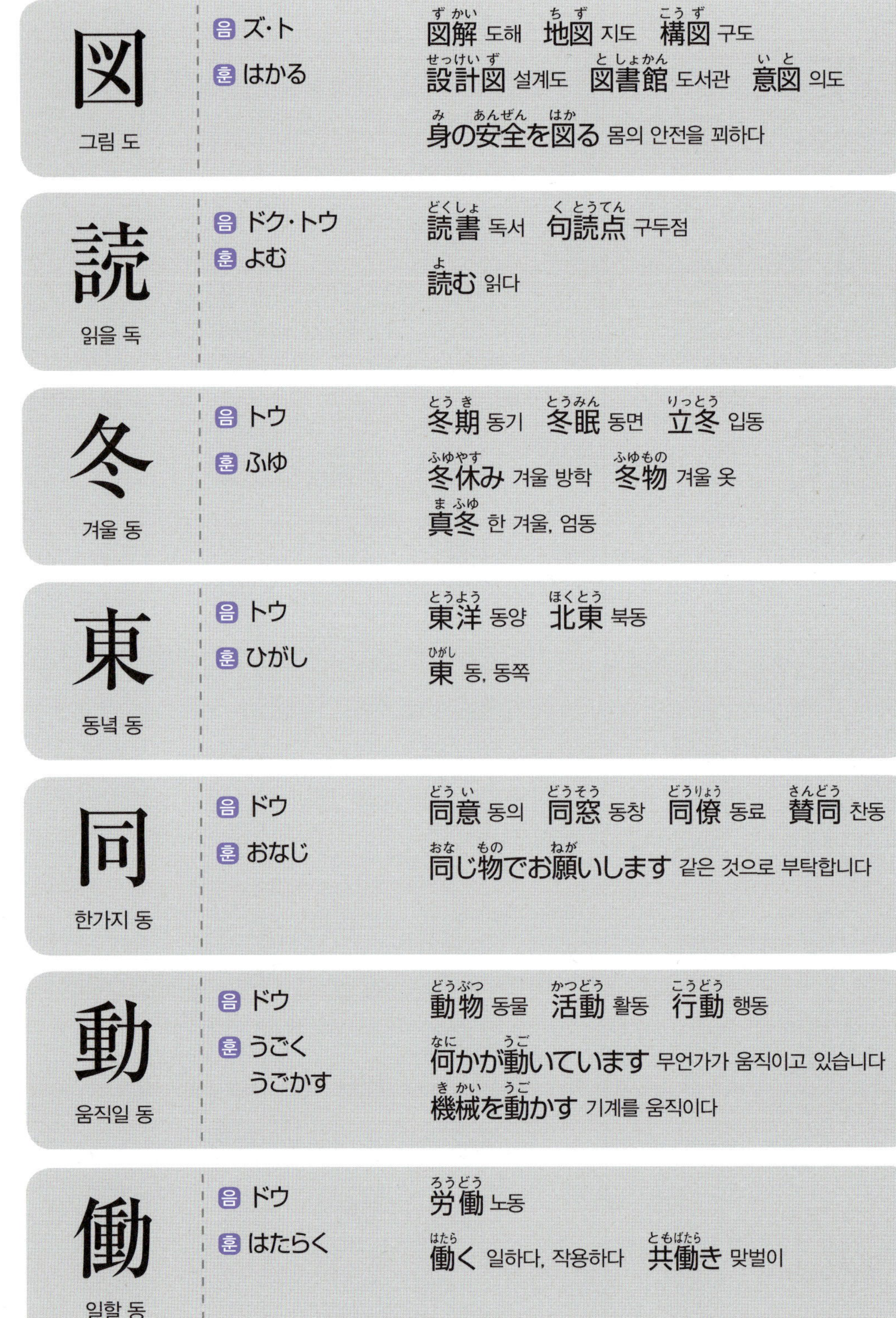

図	음 ズ・ト	図解 도해　地図 지도　構図 구도
그림 도	훈 はかる	設計図 설계도　図書館 도서관　意図 의도 身の安全を図る 몸의 안전을 꾀하다

読	음 ドク・トウ	読書 독서　句読点 구두점
읽을 독	훈 よむ	読む 읽다

冬	음 トウ	冬期 동기　冬眠 동면　立冬 입동
겨울 동	훈 ふゆ	冬休み 겨울 방학　冬物 겨울 옷 真冬 한 겨울, 엄동

東	음 トウ	東洋 동양　北東 북동
동녘 동	훈 ひがし	東 동, 동쪽

同	음 ドウ	同意 동의　同窓 동창　同僚 동료　賛同 찬동
한가지 동	훈 おなじ	同じ物でお願いします 같은 것으로 부탁합니다

動	음 ドウ	動物 동물　活動 활동　行動 행동
움직일 동	훈 うごく うごかす	何かが動いています 무언가가 움직이고 있습니다 機械を動かす 기계를 움직이다

働	음 ドウ	労働 노동
일할 동	훈 はたらく	働く 일하다, 작용하다　共働き 맞벌이

| 頭 머리 두 | 음 トウ・ズ | 先頭(せんとう) 선두　頭脳(ずのう) 두뇌 |
| | 훈 あたま・かしら | 頭(あたま) 머리, 두뇌　頭(かしら) 머리, 두목 |

| 来 올 래 | 음 ライ | 来客(らいきゃく) 내객　将来(しょうらい) 장래 |
| | 훈 くる・きたる きたす | 来(く)る 오다　来(きた)る 오는~(연체수식)
来(きた)す 오게 하다, 초래하다, 일으키다 |

| 旅 나그네 려 | 음 リョ | 旅行(りょこう) 여행　旅程(りょてい) 여정　旅館(りょかん) 여관 |
| | 훈 たび | 旅(たび) 여행 |

| 力 힘 력 | 음 リョク・リキ | 圧力(あつりょく) 압력　実力(じつりょく) 실력　協力(きょうりょく) 협력
力量(りきりょう) 역량　力説(りきせつ) 역설　力士(りきし) 역사 |
| | 훈 ちから | 力(ちから) 힘 |

| 例 법칙 례 | 음 レイ | 例年(れいねん) 예년　例外(れいがい) 예외 |
| | 훈 たとえる | 例(たと)える 예를 들다, 비유하다
例(たと)えば 예를 들면, 예컨대 |

| 料 헤아릴 료 | 음 リョウ | 料理(りょうり) 요리　料金(りょうきん) 요금　材料(ざいりょう) 재료　無料(むりょう) 무료 |
| | 훈 ― | |

| 了 마칠 료 | 음 リョウ | 了解(りょうかい) 잘 이해함, 깨달음　終了(しゅうりょう) 종료 |
| | 훈 ― | |

六 여섯 륙	음 ロク 훈 む·むいか むっつ	ろくめんたい 六面体 육면체 む 六 육, 여섯　むいか 六日 6일 むっ 六つ 여섯, 여섯 살, 여섯 개
理 다스릴 리	음 リ 훈 ―	りゆう 理由 이유　りそう 理想 이상　むり 無理 무리　せいり 整理 정리
林 수풀 림	음 リン 훈 はやし	りんぎょう 林業 임업　りんや 林野 임야 はやし 林 숲
立 설 립	음 リツ·リュウ 훈 たつ·たてる	りっしゅん 立春 입춘　りったい 立体 입체　じりつ 自立 자립　こうりつ 公立 공립 こんりゅう 建立 건립　木が立っている 나무가 서 있다 けいかく 計画を立てる 계획을 세우다
万 일만 만	음 マン·バン 훈 よろず	まんいち 万一 만일　ばんこく 万国 만국 ばんゆういんりょく 万有引力 만유인력 よろず 万 만, 수나 종류가 매우 많음
末 끝 말	음 マツ 훈 すえ	まったん 末端 말단, 맨 끝　そまつ 粗末 변변치 않음 すえ 末 끝, 선단, 말단　すえっこ 末っ子 막내
毎 매양 매	음 マイ 훈 ごと	まいにち 毎日 매일　まいど 毎度 매번　まいばん 毎晩 매일 밤 ごと 〜毎 〜마다

| 妹 | 음 マイ | 姉妹 자매 |
| 손아래누이 매 | 훈 いもうと | 妹 여동생 |

売	음 バイ	売買 매매　売店 매점　販売 판매　商売 장사
팔 매	훈 うる·うれる	果物を売る 과일을 팔다
		果物がよく売れる 과일이 잘 팔리다

| 買 | 음 バイ | 売買 매매　購買 구매　買価 사는 값 |
| 살 매 | 훈 かう | 果物を買う 과일을 사다 |

| 勉 | 음 ベン | 勉強 공부　勉学 면학　勤勉 근면 |
| 힘쓸 면 | 훈 ー | |

明	음 メイ·ミョウ	名言 명언　説明 설명　証明 증명　明日 내일
밝을 명	훈 あかり	明朝 내일 아침　光明 광명
	あかるい	明かりをつける 불을 켜다
	あかるむ	明るい社会 밝은 사회
	あからむ	東の空が明るむ 동쪽 하늘이 밝아오다
	あきらか	東の空が明らむ 동쪽 하늘이 밝아지다
	あける	彼の無罪は明らかになった 그의 무죄는 밝혀졌다
	あくる	夜が明ける 밤이 새다
	あかす	明くる日 다음 날
		彼に事情を明かす 그에게 사정을 밝히다

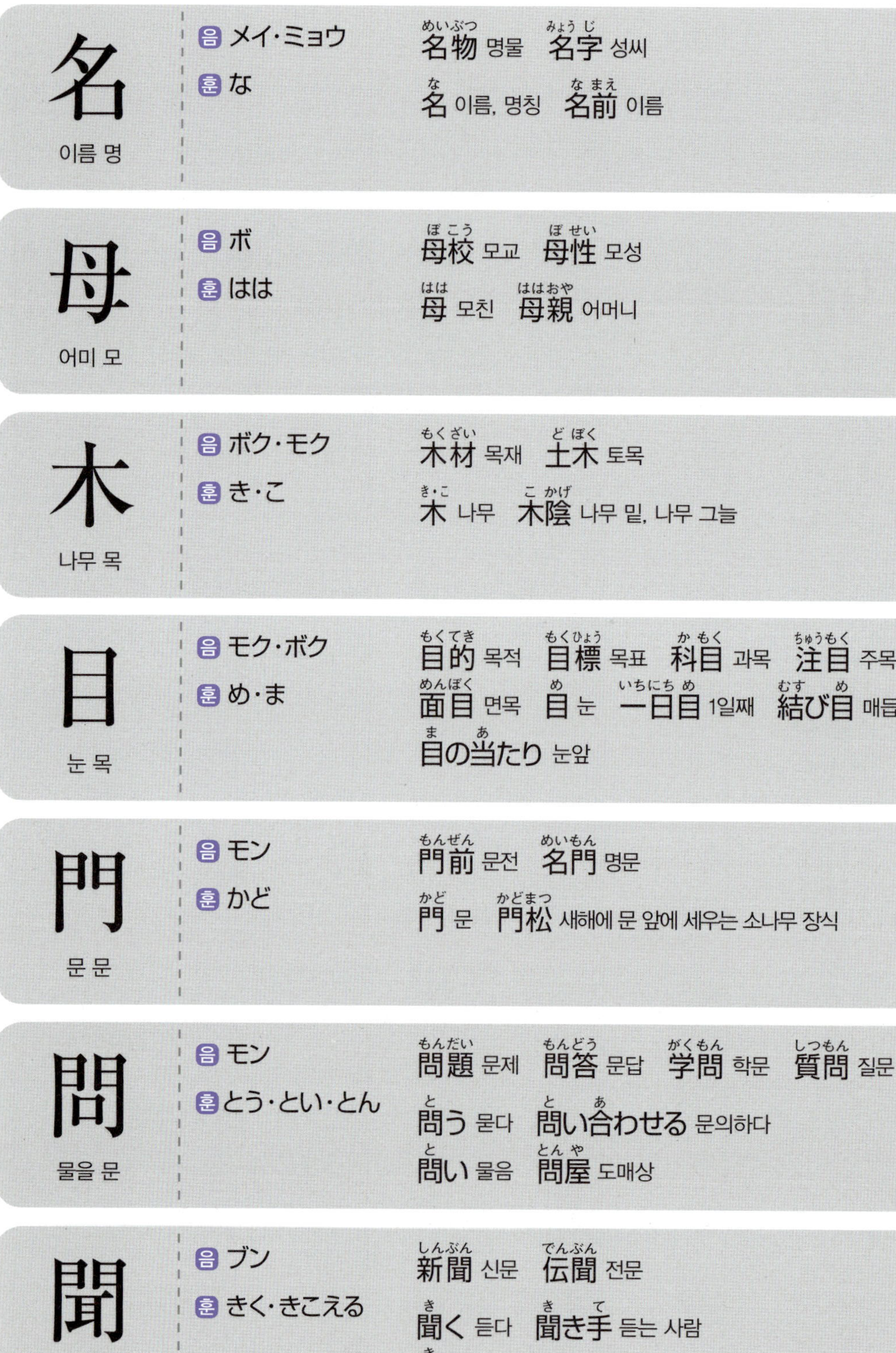

| 名 이름 명 | 음 メイ・ミョウ | 名物 명물　名字 성씨 |
| | 훈 な | 名 이름, 명칭　名前 이름 |

| 母 어미 모 | 음 ボ | 母校 모교　母性 모성 |
| | 훈 はは | 母 모친　母親 어머니 |

| 木 나무 목 | 음 ボク・モク | 木材 목재　土木 토목 |
| | 훈 き・こ | 木 나무　木陰 나무 밑, 나무 그늘 |

目 눈 목	음 モク・ボク	目的 목적　目標 목표　科目 과목　注目 주목
	훈 め・ま	面目 면목　目 눈　一日目 1일째　結び目 매듭
		目の当たり 눈앞

| 門 문 문 | 음 モン | 門前 문전　名門 명문 |
| | 훈 かど | 門 문　門松 새해에 문 앞에 세우는 소나무 장식 |

問 물을 문	음 モン	問題 문제　問答 문답　学問 학문　質問 질문
	훈 とう・とい・とん	問う 묻다　問い合わせる 문의하다
		問い 물음　問屋 도매상

聞 들을 문	음 ブン	新聞 신문　伝聞 전문
	훈 きく・きこえる	聞く 듣다　聞き手 듣는 사람
		聞こえる 들리다

| 文 글월 문 | 음 ブン・モン | ぶん か **文化** 문화　ぶんめい **文明** 문명　ほんぶん **本文** 본문　ちゅうもん **注文** 주문 |
| | 훈 ふみ | てんもん **天文** 천문(학)
ふみ **文** 글　こいぶみ **恋文** 연서, 러브레터 |

| 物 물건 물 | 음 ブツ・モツ | ぶっか **物価** 물가　しょもつ **書物** 책, 도서 |
| | 훈 もの | もの **物** 물건, 것 |

| 味 맛 미 | 음 ミ | みかく **味覚** 미각　いみ **意味** 의미　きょうみ **興味** 흥미　しゅみ **趣味** 취미 |
| | 훈 あじ・あじわう | あじ **味** 맛　あじ **味わう** 맛을 보다 |

| 民 백성 민 | 음 ミン | みんしゅしゅぎ **民主主義** 민주주의　こくみん **国民** 국민　みんしゅう **民衆** 민중 |
| | 훈 たみ | たみ **民** 백성 |

| 半 반 반 | 음 ハン | はんがく **半額** 반액　はんとう **半島** 반도　はんどうたい **半導体** 반도체 |
| | 훈 なかば | なか **半ば** 절반, 반 정도 |

| 飯 밥 반 | 음 ハン | はん **ご飯** 밥　ざんぱん **残飯** 먹다 남은 밥 |
| | 훈 めし | めし **飯** 밥　にぎ めし **握り飯** 주먹밥 |

| 発 필 발 | 음 ハツ・ホツ | はつねつ **発熱** 발열　はっけん **発見** 발견 |
| | 훈 ― | しゅっぱつ **出発** 출발　＊ 발음 변화에 주의
ほっそく **発足** 발족　ほっさ **発作** 발작　ほったん **発端** 발단　ほっき **発起** 발기 |

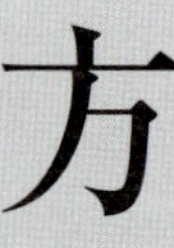

方

모 방

- 음 ホウ
- 훈 かた

方法 방법　方針 방침　地方 지방　一方 일방
味方 자기편　夕方 해질녘　話し方 말투

白

흰 백

- 음 ハク・ビャク
- 훈 しら・しらける
  しろい

白衣 백의　明白 명백　白髪 백발
白ける 색이 희어지다, 바래다, 흥이 깨져 어색한 분위기가 되다
白い 희다

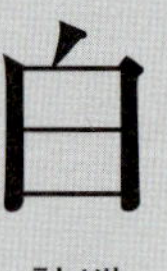

百

일백 백

- 음 ヒャク
- 훈 もも
- 특수한 읽기

百万 백만
百 백, 수가 많음
百合 백합

別

다를 별

- 음 ベツ
- 훈 わかれる

別人 딴 사람　区別 구별　特別 특별
別冊 별책
別れる 헤어지다

病

병 병

- 음 ビョウ・ヘイ
- 훈 やむ・やまい

病気 병(앓이)　病院 병원　伝染病 전염병
疾病 질병
病む (병 따위를) 앓다　病 병(앓이)

歩

걸을 보

- 음 ホ・ブ・フ
- 훈 あるく・あゆむ

歩行 보행　歩道 보도　徒歩 도보　散歩 산보
歩合 비율, 수수료　歩 일본 장기 말의 하나
歩く 걷다　歩む 걷다, 나아가다

服

옷 복

- 음 フク
- 훈 ー

服 옷　服装 복장　服用 복용　洋服 양복

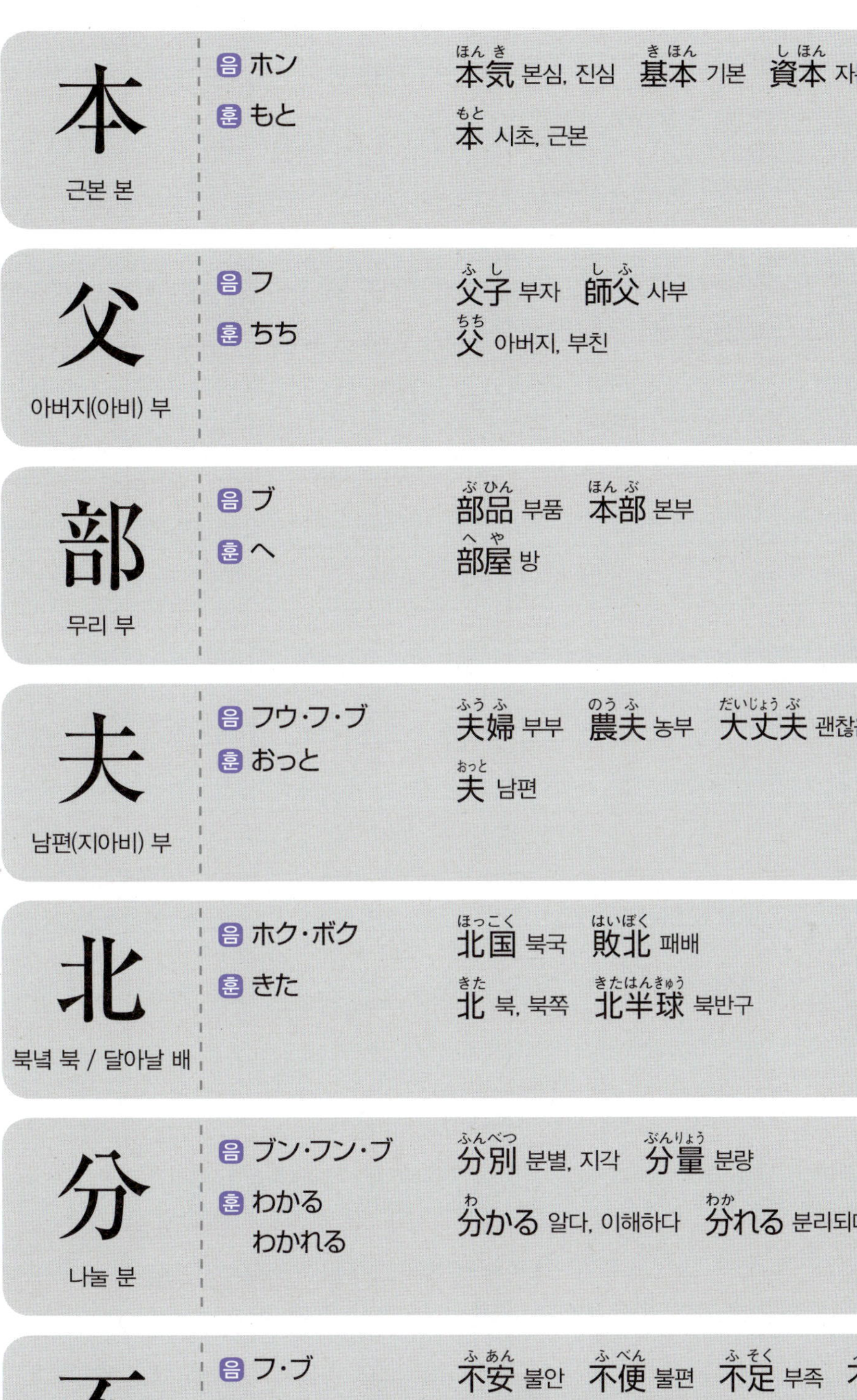

漢字	音/訓	熟語
本 근본 본	음 ホン 훈 もと	本気 본심, 진심　基本 기본　資本 자본 本 시초, 근본
父 아버지(아비) 부	음 フ 훈 ちち	父子 부자　師父 사부 父 아버지, 부친
部 무리 부	음 ブ 훈 へ	部品 부품　本部 본부 部屋 방
夫 남편(지아비) 부	음 フウ・フ・ブ 훈 おっと	夫婦 부부　農夫 농부　大丈夫 괜찮음 夫 남편
北 북녘 북 / 달아날 배	음 ホク・ボク 훈 きた	北国 북국　敗北 패배 北 북, 북쪽　北半球 북반구
分 나눌 분	음 ブン・フン・ブ 훈 わかる／わかれる	分別 분별, 지각　分量 분량 分かる 알다, 이해하다　分れる 분리되다
不 아니 불	음 フ・ブ 훈 ー	不安 불안　不便 불편　不足 부족　不満 불만 不作法 무례함　不用心 주의가 부족함 不気味 기분이 나쁨

四 넉 사	음 シ 훈 よ·よつ·よん	四季 사계　四捨五入 사사오입, 반올림 四 넷　四つ 넷, 네 살　四 4, 넷
仕 벼슬 사	음 シ·ジ 훈 つかえる	仕事 일, 업무　仕様 사양　仕組み 짜임새 仕方がない 방법이 없다　給仕 급사, 사환 仕える 모시다, 섬기다
死 죽을 사	음 シ 훈 しぬ	死亡 사망　死体 시체　死刑 사형　必死 필사 死ぬ 죽다
社 단체 사	음 シャ 훈 やしろ	社会 사회　社員 사원　会社 회사　神社 신사 社 신을 모신 건물, 신사
私 사사 사	음 シ 훈 わたくし	私有 사유　私立 사립　公私 공사 私 자신을 낮추어 일컫는 말. 저
事 일 사	음 ジ·ズ 훈 こと	事件 사건　事故 사고　事実 사실　事務 사무 好事家 호사가, 색다른 일이나 풍류를 즐기는 사람 事 일, 것, 사건　仕事 일　物事 사물과 일
使 부릴 사	음 シ 훈 つかう	使用 사용　使命 사명　大使 대사 天使 천사 使う 사용하다, 쓰다

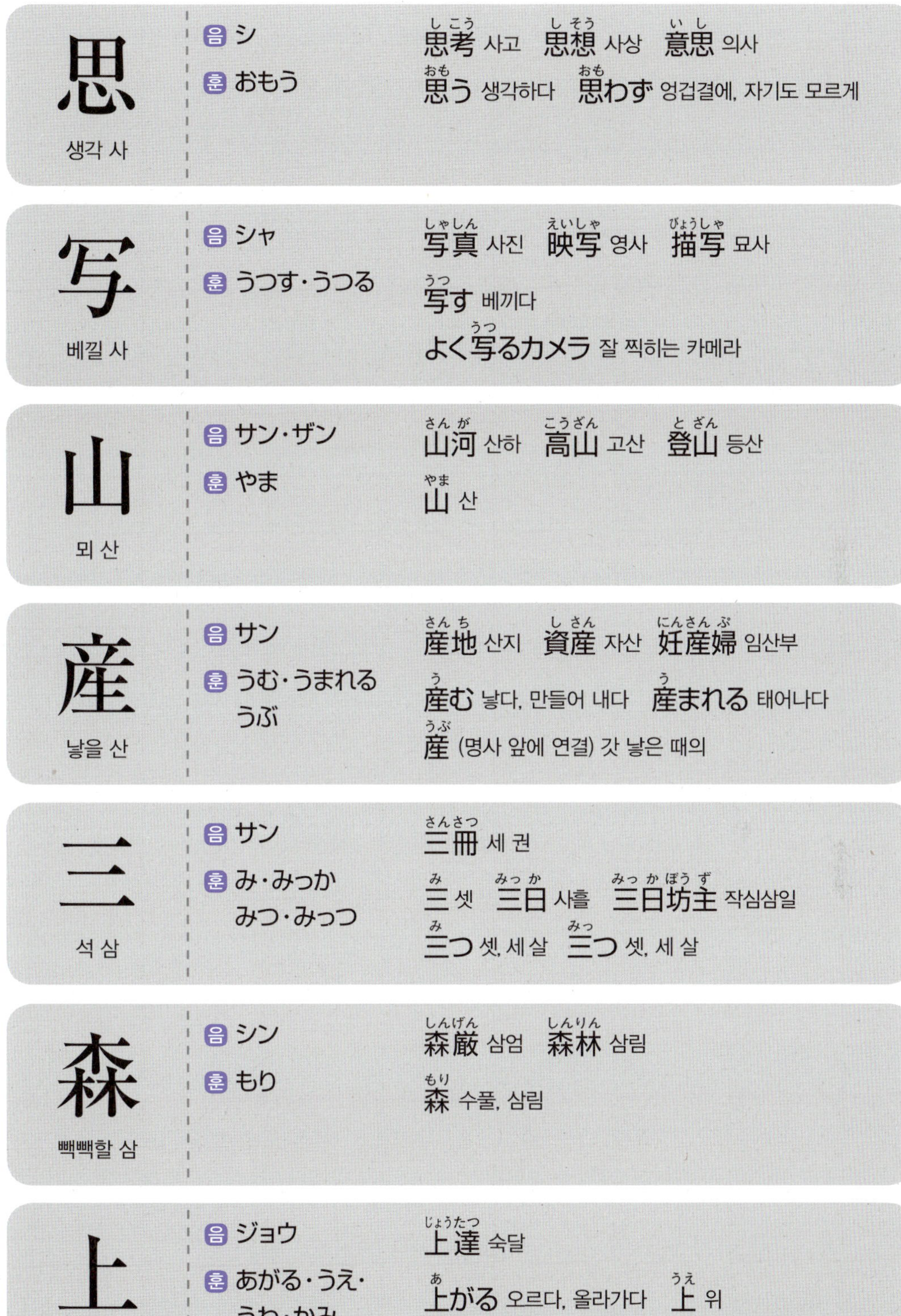

思 생각 사	음 シ 훈 おもう	思考 사고　思想 사상　意思 의사 思う 생각하다　思わず 엉겁결에, 자기도 모르게
写 베낄 사	음 シャ 훈 うつす・うつる	写真 사진　映写 영사　描写 묘사 写す 베끼다 よく写るカメラ 잘 찍히는 카메라
山 뫼 산	음 サン・ザン 훈 やま	山河 산하　高山 고산　登山 등산 山 산
産 낳을 산	음 サン 훈 うむ・うまれる うぶ	産地 산지　資産 자산　妊産婦 임산부 産む 낳다, 만들어 내다　産まれる 태어나다 産 (명사 앞에 연결) 갓 낳은 때의
三 석 삼	음 サン 훈 み・みっか みつ・みっつ	三冊 세 권 三 셋　三日 사흘　三日坊主 작심삼일 三つ 셋, 세 살　三つ 셋, 세 살
森 빽빽할 삼	음 シン 훈 もり	森厳 삼엄　森林 삼림 森 수풀, 삼림
上 위 상	음 ジョウ 훈 あがる・うえ・ うわ・かみ	上達 숙달 上がる 오르다, 올라가다　上 위 上着 겉옷, 윗옷　上 위, 상류　上半期 상반기

色	음 ショク・シキ	げんしょく 原色 원색　ちゃくしょく 着色 착색　ほ ご しょく 保護色 보호색
빛 색	훈 いろ	しきさい 色彩 색채　しき そ 色素 색소　こんじき 金色 금색 いろ 色 색깔　りょくしょく 緑色 녹색　いろがみ 色紙 색종이　きんいろ 金色 금색(두 가지로 읽힘)

生	음 セイ・ショウ	せい と 生徒 중·고등학생　しょうがい 生涯 생애, 평생
날 생	훈 き・いきる・うまれる・なま	き じ 生地 본바탕, 옷감　い 生きる 살다 う 生まれる 태어나다　なま 生 익히지 않음, 날것, 미숙함

西	음 セイ・サイ	せいよう 西洋 서양　せい ぶ 西部 서부
서녘 서	훈 にし	にし 西 서, 서쪽

暑	음 ショ	しょ き あた 暑気中り 더위 먹음　しょ き ばら 暑気払い 피서 しょちゅう み まい 暑中見舞 서중 문안
더울 서	훈 あつい	あつ 暑い 덥다

書	음 ショ	しょもつ 書物 책, 서적　しょるい 書類 서류
글 서	훈 かく・ふみ	か 書く 쓰다　かきとめ 書留 등기 우편 ふみ 書 서한, 편지, 책

夕	음 セキ	せきよう 夕陽 석양
저녁 석	훈 ゆう	あさゆう 朝夕 조석　ゆう ひ 夕日 저녁 해, 석양 ゆうしょく 夕食 저녁 식사　ゆうがた 夕方 저녁때

先	음 セン	せんたん ぎ じゅつ 先端技術 첨단기술　せんぱい 先輩 선배
앞(먼저) 선	훈 さき・まず	さき 先 끝, 앞, 선두　ゆ さき 行き先 갈 곳, 행선지 ま 先ず 우선

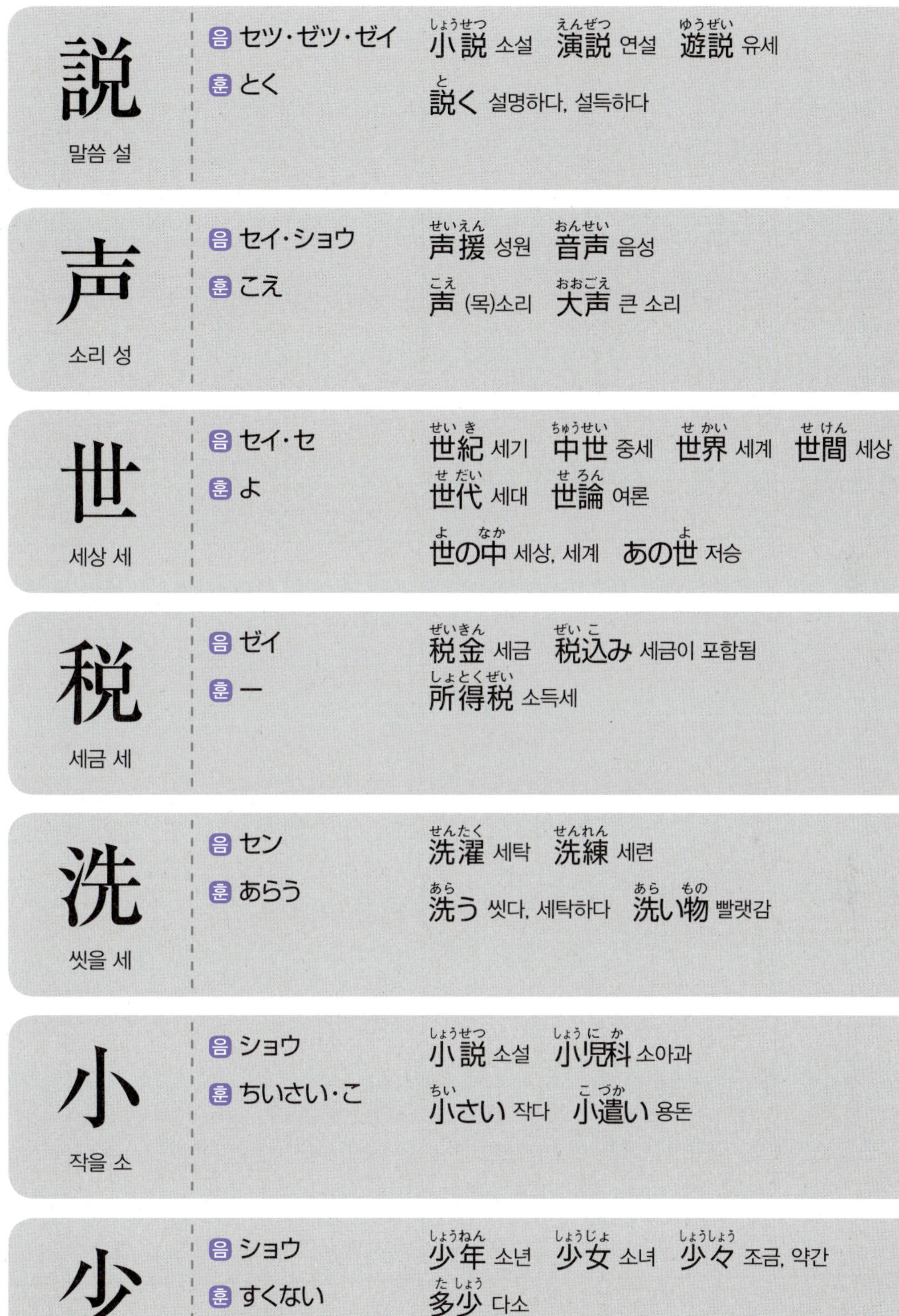

| 説
말씀 설 | 음 セツ・ゼツ・ゼイ
훈 とく | 小説 소설　演説 연설　遊説 유세
説く 설명하다, 설득하다 |

| 声
소리 성 | 음 セイ・ショウ
훈 こえ | 声援 성원　音声 음성
声 (목)소리　大声 큰 소리 |

| 世
세상 세 | 음 セイ・セ
훈 よ | 世紀 세기　中世 중세　世界 세계　世間 세상
世代 세대　世論 여론
世の中 세상, 세계　あの世 저승 |

| 税
세금 세 | 음 ゼイ
훈 ― | 税金 세금　税込み 세금이 포함됨
所得税 소득세 |

| 洗
씻을 세 | 음 セン
훈 あらう | 洗濯 세탁　洗練 세련
洗う 씻다, 세탁하다　洗い物 빨랫감 |

| 小
작을 소 | 음 ショウ
훈 ちいさい・こ | 小説 소설　小児科 소아과
小さい 작다　小遣い 용돈 |

| 少
적을 소 | 음 ショウ
훈 すくない
すこし | 少年 소년　少女 소녀　少々 조금, 약간
多少 다소
少ない (양이) 적다　少し 조금, 약간 |

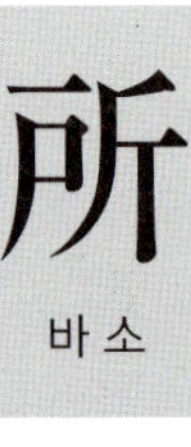

| 所 바 소 | 음 ショ
훈 ところ | しょとく
所得 소득　めいしょ
名所 명소
ところ
所 곳, 장소　ところどころ
所々 곳곳(에), 여기저기, 군데군데 |

| 消 끌 소 | 음 ショウ
훈 きえる・けす | しょうひ
消費 소비
き
消える 사라지다, 없어지다, 지워지다
け
消す 끄다, 지우다　けし
消ゴム 지우개 |

| 送 보낼 송 | 음 ソウ
훈 おくる | そうきん
送金 송금　そうべつ
送別 송별　ほうそう
放送 방송
おく
送る 보내다 |

| 水 물 수 | 음 スイ
훈 みず | すいどう
水道 수도　ちかすい
地下水 지하수
みず
水 물　みずむし
水虫 무좀 |

| 手 손 수 | 음 シュ
훈 て | あくしゅ
握手 악수
て
手 손　てつづき
手続き 절차, 수속 |

| 首 머리 수 | 음 シュ
훈 くび | しゅしょう
首相 수상　とうしゅ
党首 당수
くび
首 목　くびかざ
首飾り 목걸이 |

| 習 익힐 습 | 음 シュウ
훈 ならう | しゅうかん
習慣 습관　しゅうとく
習得 습득　がくしゅう
学習 학습　れんしゅう
練習 연습
なら
習う 배우다, 익히다 |

乗 — 탈 승

- 음 ジョウ
- 훈 のせる・のる

乗客 승객　便乗 편승
乗せる 태우다, 싣다　乗る 타다, 오르다
相乗り 합승

市 — 시장 시

- 음 シ
- 훈 いち

都市 도시
市 시장, 거리　市場 시장

時 — 때 시

- 음 ジ
- 훈 とき

時代 시대　臨時 임시
時 때, 시간

始 — 비로소 시

- 음 シ
- 훈 はじめる
　　はじまる

始終 시종　始発 시발　開始 개시　年始 연초
始める 시작하다　始まる 시작되다

試 — 시험할 시

- 음 シ
- 훈 こころみる
　　ためす

試合 시합, 경기　試験 시험　入試 입시
試みる 시도하다　試す 시험하다

食 — 먹을 식

- 음 ショク・ジキ
- 훈 たべる・くう
　　くらう

食堂 식당　食べる 먹다　食べ頃 제철
食う 먹다. 食べる보다 거친 말
食らう (좋지 않은 일을) 받다, 당하다

新 — 새로울 신

- 음 シン
- 훈 あたらしい
　　あらた・にい

新聞 신문　新鮮 신선
新幹線 신칸센(일본의 고속열차)
新しい 새롭다(형용사)　新ただ 새롭다(형용동사)
新妻 새색시　新潟 니가타(지명)

| 失
잃을 실 | 음 シツ
훈 うしなう
うせる | しつぎょう
失業 실업　しっかく
失格 실격　ふんしつ
紛失 분실
うしな
失う 잃다
う
失せる 없어지다, 사라지다 |

| 室
방 실 | 음 シツ
훈 むろ | しつない
室内 실내　きょうしつ
教室 교실　しんしつ
寝室 침실　びょうしつ
病室 병실
むろ
室 창고　ひ むろ
氷室 얼음 창고 |

| 心
마음 심 | 음 シン
훈 こころ | しんぱい
心配 걱정　あんしん
安心 안심　けっしん
決心 결심　ちゅうしん
中心 중심
こころ
心 마음　こころがま
心構え 마음의 준비 |

| 十
열 십 | 음 ジュウ・ジッ
훈 と・とお | じゅうじ か
十字架 십자가　じゅうにん と いろ
十人十色 십인십색, 각양각색
じっ こ
十個 열 개
と
十 열, 십　とお
十 열, 십, 열 살 |

| 悪
나쁠 악 | 음 アク・オ
훈 わるい | あく じ
悪事 악한 일, 악행　あくにん
悪人 악인　ぜんあく
善悪 선악
お かん
悪寒 오한　けん お
嫌悪 혐오　ぞう お
憎悪 증오
わる
悪い 나쁘다, 안 좋다 |

| 楽
풍류 악 | 음 ガク・ラク
훈 たのしい
たのしむ | がくだん
楽団 악단　おんがく
音楽 음악　せいがく
声楽 성악　がっき
楽器 악기
らくてんてき
楽天的 낙천적　かいらく
快楽 쾌락　あんらく
安楽 안락
たの
楽しい 즐겁다　たの
楽しむ 즐기다 |

| 安
편안할 안 | 음 アン
훈 やすい | あんしん
安心 안심　あんぜん
安全 안전　ち あん
治安 치안　ふ あん
不安 불안
やす
安い (값이) 싸다 |

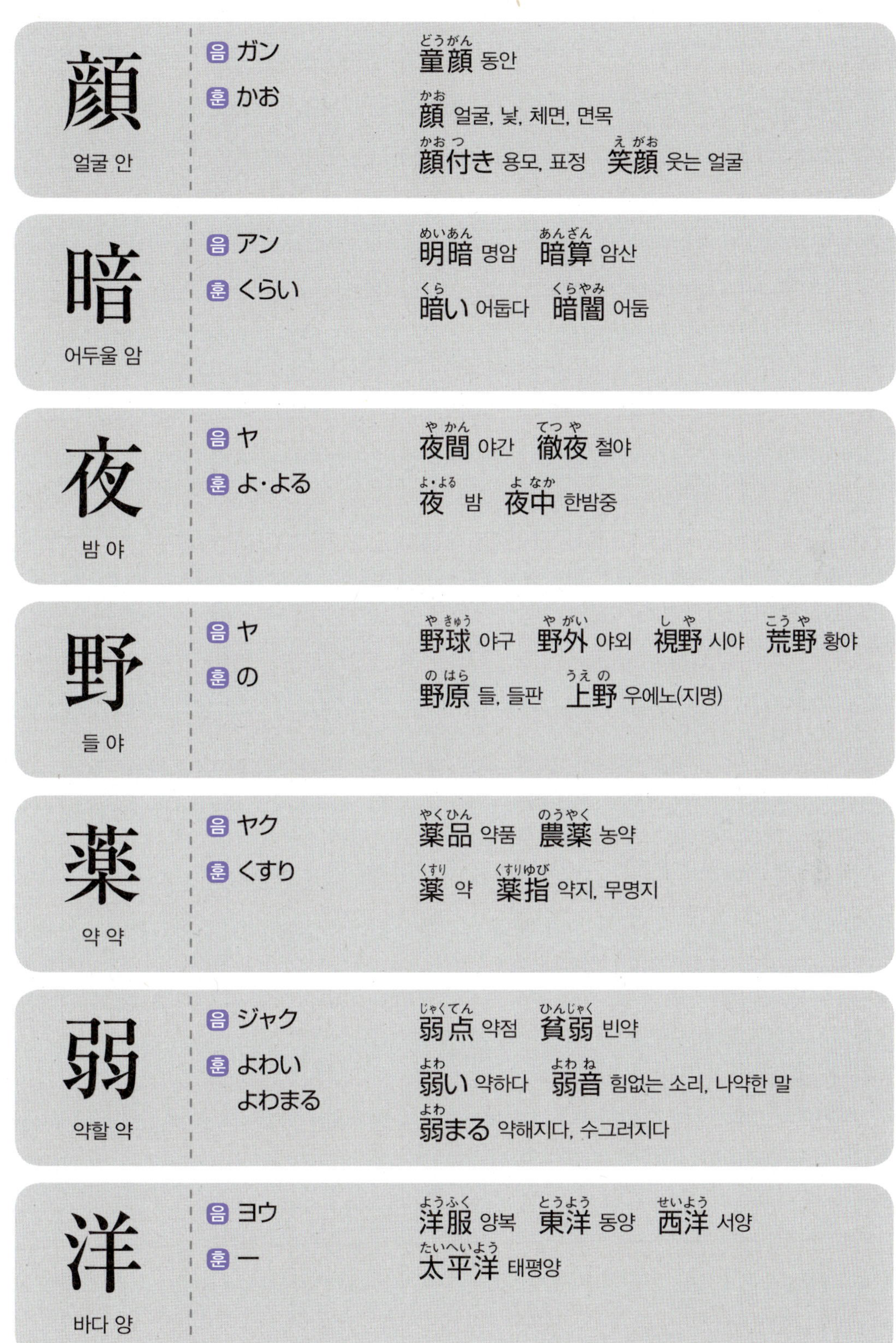

顔
얼굴 안

- 음 ガン
  - 童顔 동안
- 훈 かお
  - 顔 얼굴, 낯, 체면, 면목
  - 顔付き 용모, 표정　笑顔 웃는 얼굴

暗
어두울 암

- 음 アン
  - 明暗 명암　暗算 암산
- 훈 くらい
  - 暗い 어둡다　暗闇 어둠

夜
밤 야

- 음 ヤ
  - 夜間 야간　徹夜 철야
- 훈 よ·よる
  - 夜 밤　夜中 한밤중

野
들 야

- 음 ヤ
  - 野球 야구　野外 야외　視野 시야　荒野 황야
- 훈 の
  - 野原 들, 들판　上野 우에노(지명)

薬
약 약

- 음 ヤク
  - 薬品 약품　農薬 농약
- 훈 くすり
  - 薬 약　薬指 약지, 무명지

弱
약할 약

- 음 ジャク
  - 弱点 약점　貧弱 빈약
- 훈 よわい / よわまる
  - 弱い 약하다　弱音 힘없는 소리, 나약한 말
  - 弱まる 약해지다, 수그러지다

洋
바다 양

- 음 ヨウ
  - 洋服 양복　東洋 동양　西洋 서양
- 훈 ー
  - 太平洋 태평양

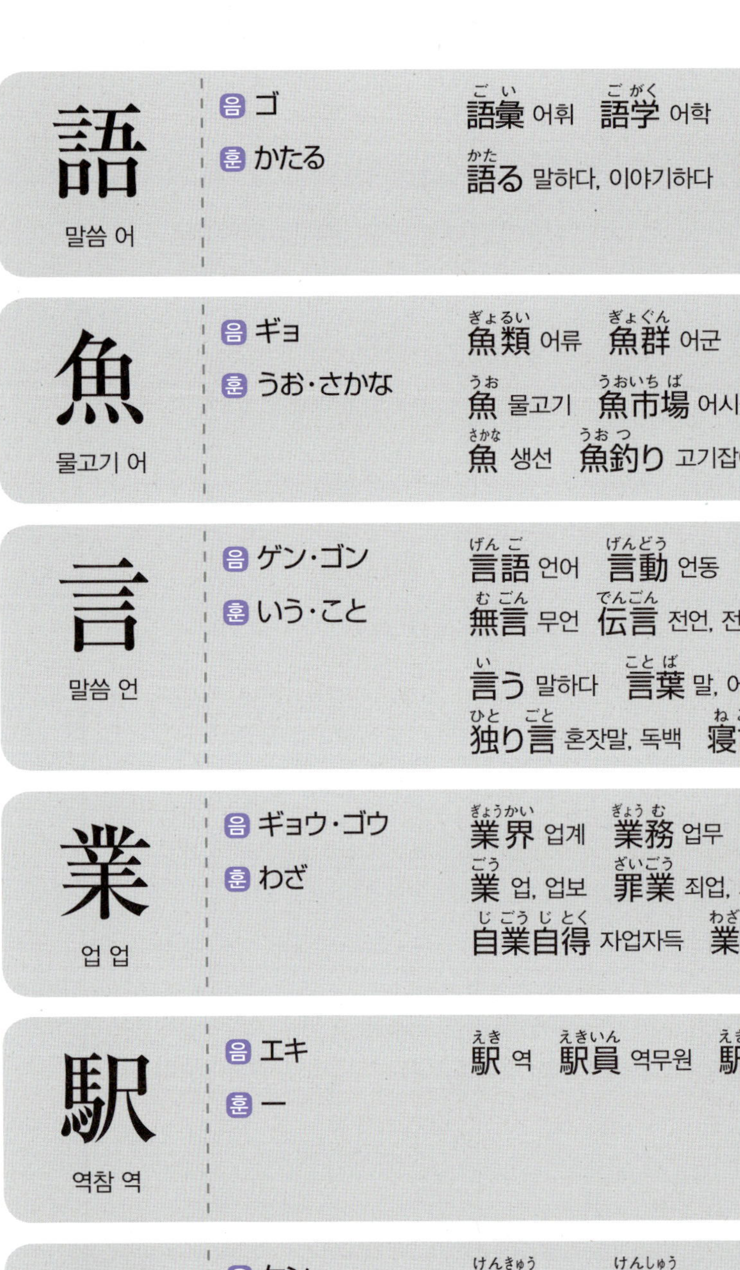

語 말씀 어

- **음** ゴ
- **훈** かたる

語彙 어휘　語学 어학
語る 말하다, 이야기하다　物語 이야기

魚 물고기 어

- **음** ギョ
- **훈** うお・さかな

魚類 어류　魚群 어군　人魚 인어
魚 물고기　魚市場 어시장
魚 생선　魚釣り 고기잡이

言 말씀 언

- **음** ゲン・ゴン
- **훈** いう・こと

言語 언어　言動 언동　宣言 선언　発言 발언
無言 무언　伝言 전언, 전할 말　言語道断 언어도단
言う 말하다　言葉 말, 어휘
独り言 혼잣말, 독백　寝言 잠꼬대, 헛소리

業 업 업

- **음** ギョウ・ゴウ
- **훈** わざ

業界 업계　業務 업무　産業 산업　職業 직업
業 업, 업보　罪業 죄업, 죄가 되는 행위
自業自得 자업자득　業 행위, 짓　軽業 곡예

駅 역참 역

- **음** エキ
- **훈** ㅡ

駅 역　駅員 역무원　駅前 역전

研 갈 연

- **음** ケン
- **훈** とぐ

研究 연구　研修 연수
研ぐ 갈다, 연마하다

英 꽃부리 영

- **음** エイ
- **훈** ㅡ

英語 영어　英国 영국　英雄 영웅

映 비칠 영	음 エイ 훈 うつる・うつす はえる	映画 영화　映像 영상　上映 상영　反映 반영 鏡に映る 거울에 비치다　鏡に映す 거울에 비추다 映える 빛나다　夕映え 저녁노을
五 다섯 오	음 ゴ 훈 いつ・いつつ	五大洋 오대양　五輪 오륜 五 다섯　五日 5일　五つ 다섯, 다섯 살
午 낮 오	음 ゴ 훈 うま	午後 오후　午前 오전　正午 정오 午 십이지의 일곱째, 방위로는 남쪽임.
屋 집 옥	음 オク 훈 や	屋外 옥외　屋上 옥상　家屋 가옥 屋根 지붕　屋台 포장마차　八百屋 야채가게 酒屋 술집
外 바깥 외	음 ガイ・ゲ 훈 そと・ほか・ はずす	外交 외교　外科 외과 外 바깥, 외부　外 외부, 딴것 もっての外 당치도 않음　外す 떼어 내다, 끄르다
要 구할 요	음 ヨウ 훈 いる・かなめ	要求 요구　要領 요령　需要 수요 要る 필요하다　要 요점, 급소
曜 빛날 요	음 ヨウ 훈 ー	曜日 요일

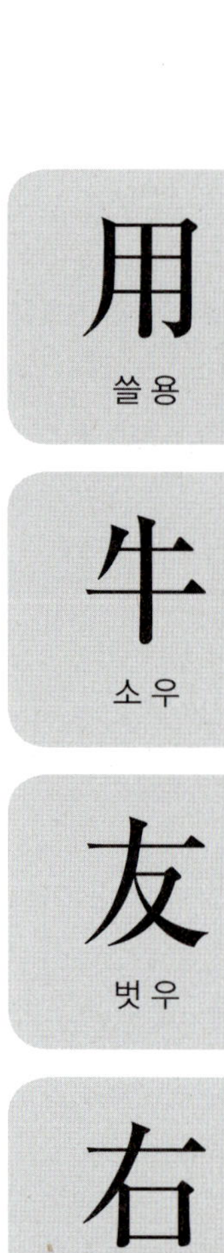

用 쓸 용

- 음 ヨウ
- 훈 もちいる

用事 볼일, 용건　用意 준비　利用 이용
急用 급한 일

用いる 이용하다, 사용하다

牛 소 우

- 음 ギュウ
- 훈 うし

牛乳 우유　牛肉 소고기
牛 소

友 벗 우

- 음 ユウ
- 훈 とも

友好 우호　友情 우정
友 벗, 친구　友達 친구

右 오른 우

- 음 ウ・ユウ
- 훈 みぎ

右翼 우익　左右 좌우
右 오른쪽　右側通行 우측통행

雨 비 우

- 음 ウ
- 훈 あめ・あま

雨季 우계　雨天 우천
雨 비, 우천　雨戸 덧문

運 돌 운

- 음 ウン
- 훈 はこぶ

運動 운동　運命 운명　運転 운전　幸運 행운
運ぶ (짐 따위를) 나르다, 운반하다

員 인원 원

- 음 イン
- 훈 ―

定員 정원　満員 만원
公務員 공무원

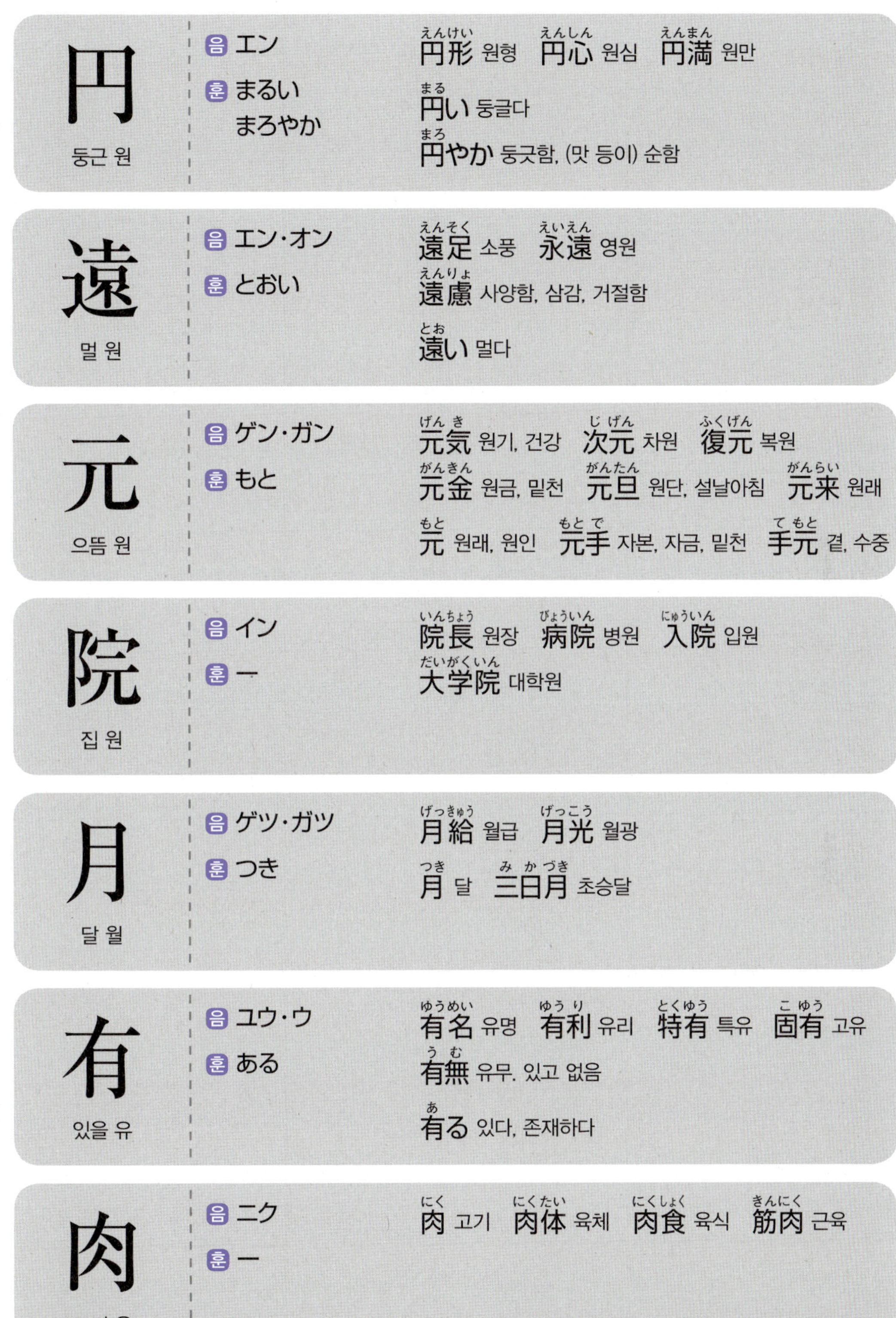

円 둥근 원	음 エン 훈 まるい　まろやか	えんけい 円形 원형　えんしん 円心 원심　えんまん 円満 원만 まる 円い 둥글다 まろ 円やか 둥긋함, (맛 등이) 순함
遠 멀 원	음 エン・オン 훈 とおい	えんそく 遠足 소풍　えいえん 永遠 영원 えんりょ 遠慮 사양함, 삼감, 거절함 とお 遠い 멀다
元 으뜸 원	음 ゲン・ガン 훈 もと	げん き 元気 원기, 건강　じげん 次元 차원　ふくげん 復元 복원 がんきん 元金 원금, 밑천　がんたん 元旦 원단, 설날아침　がんらい 元来 원래 もと 元 원래, 원인　もとで 元手 자본, 자금, 밑천　てもと 手元 곁, 수중
院 집 원	음 イン 훈 ―	いんちょう 院長 원장　びょういん 病院 병원　にゅういん 入院 입원 だいがくいん 大学院 대학원
月 달 월	음 ゲツ・ガツ 훈 つき	げっきゅう 月給 월급　げっこう 月光 월광 つき 月 달　み か づき 三日月 초승달
有 있을 유	음 ユウ・ウ 훈 ある	ゆうめい 有名 유명　ゆうり 有利 유리　とくゆう 特有 특유　こゆう 固有 고유 う む 有無 유무, 있고 없음 あ 有る 있다, 존재하다
肉 고기 육	음 ニク 훈 ―	にく 肉 고기　にくたい 肉体 육체　にくしょく 肉食 육식　きんにく 筋肉 근육

漢字	음/훈	단어
銀 은 은	음 ギン 훈 ―	ぎんこう 銀行 은행　ぎんざ 銀座 긴자(지명)　ぎんが 銀河 은하 きんぎん 金銀 금은
音 소리 음	음 オン・イン 훈 おと・ね	おんがく 音楽 음악　そうおん 騒音 소음　ふくいん 福音 복음 おと 音 소리, 음　ね 音 음, 소리　ねいろ 音色 음색
飲 마실 음	음 イン 훈 のむ	いんしょく 飲食 음식　いんりょうすい 飲料水 음료수　いんしゅ 飲酒 음주 の 飲む 마시다, 삼키다　のみもの 飲み物 마실것, 음료수
医 의원 의	음 イ 훈 ―	いし 医師 의사　いしゃ 医者 의사　いがく 医学 의학　いりょう 医療 의료
意 뜻 의	음 イ 훈 ―	いがい 意外 의외　いけん 意見 의견　いみ 意味 의미　けいい 敬意 경의
二 두 이	음 ニ・ジ 훈 ふた 특수한 읽기	にじゅう 二重 이중 ふた 二つ 두 개, 두 살 はつか 二十日 20일
異 다를 이	음 イ 훈 こと・ことなる	いじょう 異常 이상　きょうい 驚異 경이　いさい 異彩 이채 こと 異 다름　こと 異なる 다르다

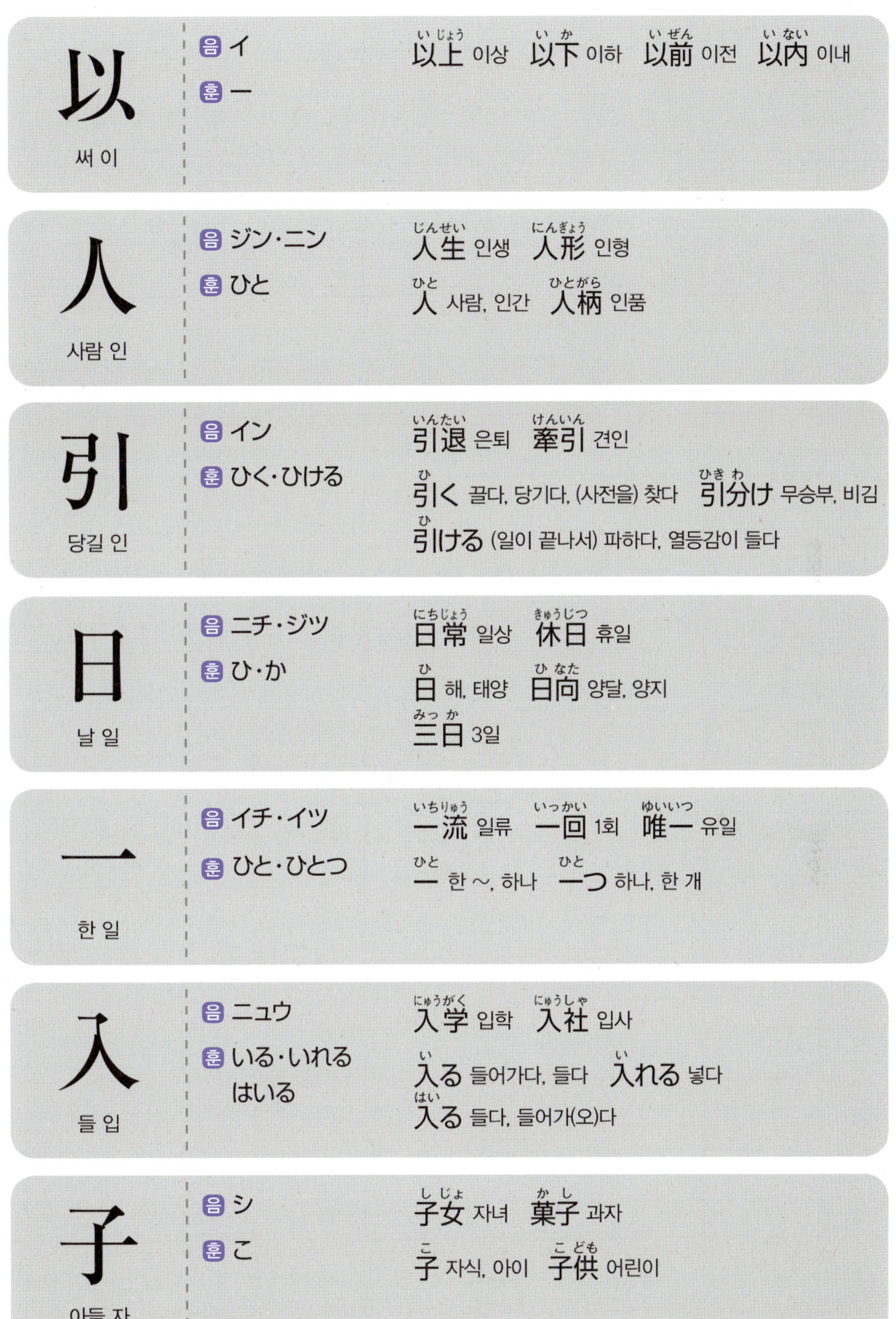

以 써 이	음 イ · 훈 ー	以上 이상　以下 이하　以前 이전　以内 이내

人 사람 인	음 ジン・ニン · 훈 ひと	人生 인생　人形 인형 人 사람, 인간　人柄 인품

引 당길 인	음 イン · 훈 ひく・ひける	引退 은퇴　牽引 견인 引く 끌다, 당기다, (사전을) 찾다　引分け 무승부, 비김 引ける (일이 끝나서) 파하다, 열등감이 들다

日 날 일	음 ニチ・ジツ · 훈 ひ・か	日常 일상　休日 휴일 日 해, 태양　日向 양달, 양지 三日 3일

一 한 일	음 イチ・イツ · 훈 ひと・ひとつ	一流 일류　一回 1회　唯一 유일 一 한 ～, 하나　一つ 하나, 한 개

入 들 입	음 ニュウ · 훈 いる・いれる はいる	入学 입학　入社 입사 入る 들어가다, 들다　入れる 넣다 入る 들다, 들어가(오)다

子 아들 자	음 シ · 훈 こ	子女 자녀　菓子 과자 子 자식, 아이　子供 어린이

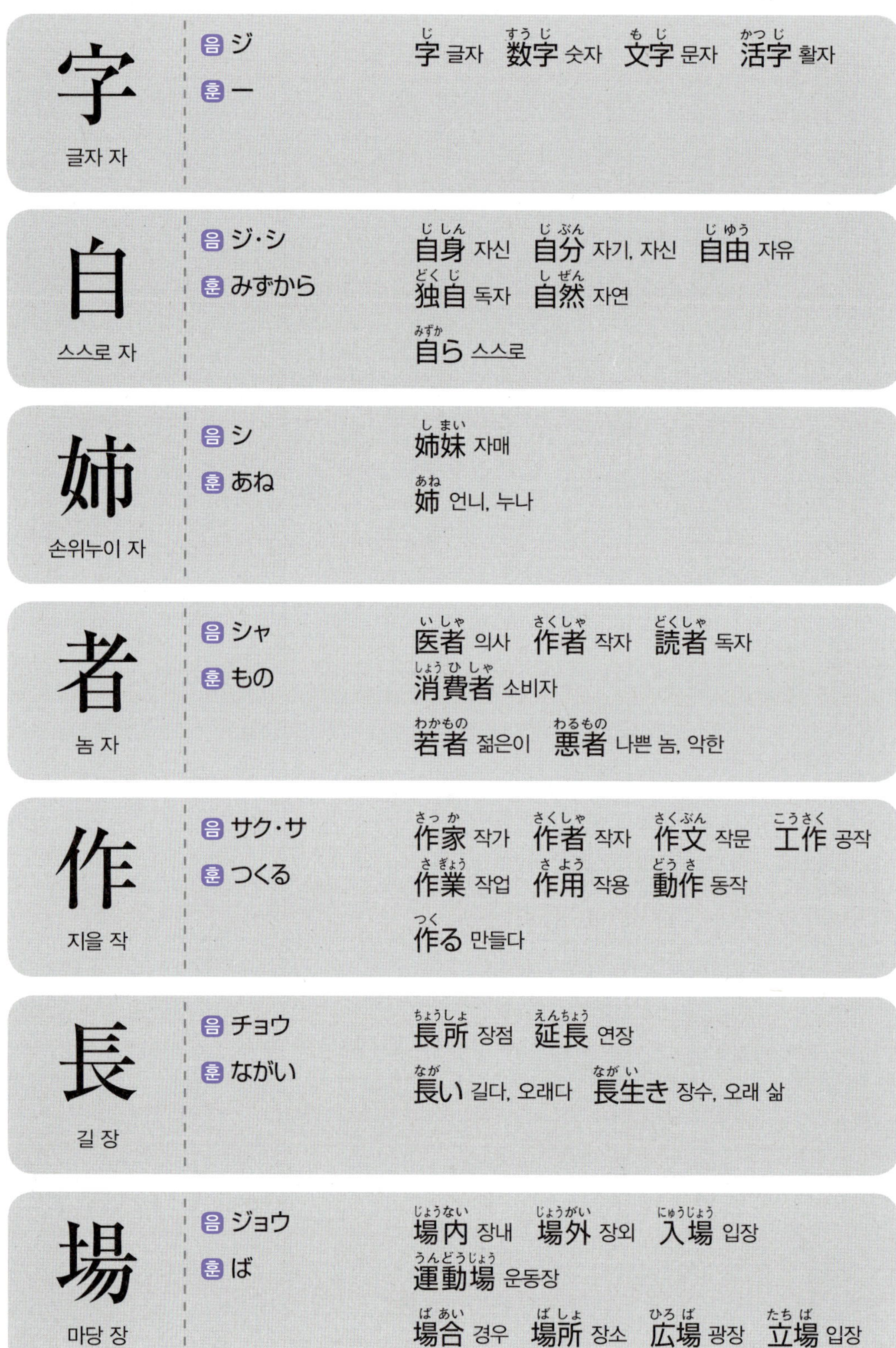

字	음 ジ	字 글자　数字 숫자　文字 문자　活字 활자
글자 자	훈 ―	

自	음 ジ・シ	自身 자신　自分 자기, 자신　自由 자유
	훈 みずから	独自 독자　自然 자연
스스로 자		自ら 스스로

姉	음 シ	姉妹 자매
	훈 あね	姉 언니, 누나
손위누이 자		

者	음 シャ	医者 의사　作者 작자　読者 독자
	훈 もの	消費者 소비자
놈 자		若者 젊은이　悪者 나쁜 놈, 악한

作	음 サク・サ	作家 작가　作者 작자　作文 작문　工作 공작
	훈 つくる	作業 작업　作用 작용　動作 동작
지을 작		作る 만들다

長	음 チョウ	長所 장점　延長 연장
	훈 ながい	長い 길다, 오래다　長生き 장수, 오래 삶
길 장		

場	음 ジョウ	場内 장내　場外 장외　入場 입장
	훈 ば	運動場 운동장
마당 장		場合 경우　場所 장소　広場 광장　立場 입장

材 재목 재	음 ザイ 훈 ー	材質 재질　材料 재료 人材 인재

才 재주 재	음 サイ 훈 ー	才能 재능　英才 영재　天才 천재

争 다툴 쟁	음 ソウ 훈 あらそう	争点 쟁점　競争 경쟁　論争 논쟁 争う 겨루다, 경쟁하다, 싸우다

低 낮을 저	음 テイ 훈 ひくい ひくめる	低下 저하　高低 고저 低い 낮다　低める 낮추다, 낮게 하다

赤 붉을 적	음 セキ・シャク 훈 あか・あかい あからむ あからめる	赤道 적도　赤面 얼굴을 붉힘 赤銅色 적동색, 구릿빛 赤ん坊 아기　赤字 적자　赤い 빨갛다 赤らむ 빨개지다, 붉어지다　赤らめる 붉히다

戦 싸울 전	음 セン 훈 いくさ・たたかう	戦争 전쟁　観戦 관전　決戦 결전 戦 전쟁, 싸움, 전투 戦う 싸우다, 다투다, 승부를 겨루다

前 앞 전	음 ゼン・セン 훈 まえ	前後 전후　午前 오전 前 앞, 정면, 전　前払い 선불

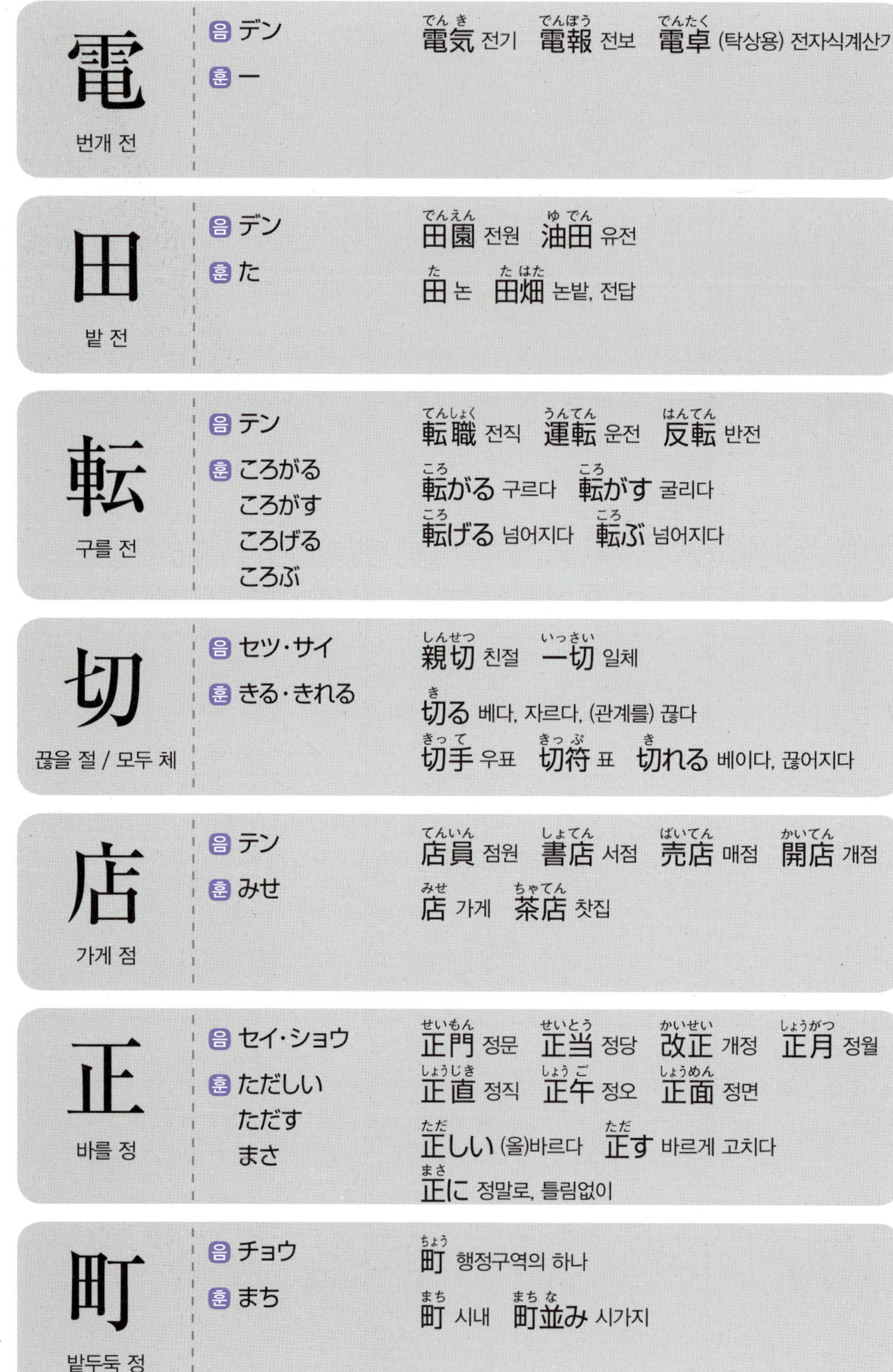

電 번개 전	음 デン 훈 ー	でんき 電気 전기　　でんぽう 電報 전보　　でんたく 電卓 (탁상용) 전자식계산기
田 밭 전	음 デン 훈 た	でんえん 田園 전원　　ゆでん 油田 유전 た 田 논　　たはた 田畑 논밭, 전답
転 구를 전	음 テン 훈 ころがる / ころがす / ころげる / ころぶ	てんしょく 転職 전직　　うんてん 運転 운전　　はんてん 反転 반전 ころ 転がる 구르다　　ころ 転がす 굴리다 ころ 転げる 넘어지다　　ころ 転ぶ 넘어지다
切 끊을 절 / 모두 체	음 セツ・サイ 훈 きる・きれる	しんせつ 親切 친절　　いっさい 一切 일체 き 切る 베다, 자르다, (관계를) 끊다 きって 切手 우표　　きっぷ 切符 표　　き 切れる 베이다, 끊어지다
店 가게 점	음 テン 훈 みせ	てんいん 店員 점원　　しょてん 書店 서점　　ばいてん 売店 매점　　かいてん 開店 개점 みせ 店 가게　　ちゃてん 茶店 찻집
正 바를 정	음 セイ・ショウ 훈 ただしい / ただす / まさ	せいもん 正門 정문　　せいとう 正当 정당　　かいせい 改正 개정　　しょうがつ 正月 정월 しょうじき 正直 정직　　しょうご 正午 정오　　しょうめん 正面 정면 ただ 正しい (올)바르다　　ただ 正す 바르게 고치다 まさ 正に 정말로, 틀림없이
町 밭두둑 정	음 チョウ 훈 まち	ちょう 町 행정구역의 하나 まち 町 시내　　まちなみ 町並み 시가지

| 弟
아우 제 | 음 テイ・ダイ・デ
훈 おとうと | 師弟 스승과 제자　兄弟 형제　弟子 제자
愛弟子 애제자
弟 남동생 |

| 題
제목 제 | 음 ダイ
훈 ー | 題 제목　題名 제명　宿題 숙제　問題 문제 |

| 早
이를 조 | 음 ソウ・サッ
훈 はやい
はやまる
はやめる | 早朝 조조, 이른 아침　早春 초봄　早速 즉시
早い (시기적으로) 이르다　早まる 앞당겨지다
早める 앞당기다 |

| 朝
아침 조 | 음 チョウ
훈 あさ | 朝食 조식　朝礼 조례
朝 아침　朝日 아침 해
朝ご飯 아침 식사　毎朝 매일 아침 |

| 鳥
새 조 | 음 チョウ
훈 とり | 鳥類 조류　野鳥 들새　白鳥 백조
一石二鳥 일석이조
鳥 새　小鳥 작은 새 |

| 足
발 족 | 음 ソク
훈 あし・たりる
たる・たす | 不足 부족　満足 만족　遠足 소풍
足 발　足りる 족하다, 충분하다　足る 족하다
足す 더하다 |

| 族
겨레 족 | 음 ゾク
훈 ー | 家族 가족　民族 민족 |

| 終
마칠 종 | 음 シュウ
훈 おわる・おえる | 終了 종료　終日 종일, 온종일　終止 종지
終わる 끝나다　終える 끝내다 |

| 左
왼 좌 | 음 サ
훈 ひだり | 左遷 좌천　左右 좌우
左 왼쪽, 좌　左利き 왼손잡이 |

| 主
주인 주 | 음 ジュ
훈 ぬし・おも | 主人 주인　主婦 주부　主要 주요
主 주인(공)　持ち主 소유자, 임자　株主 주주
主だ 주되다　主な人物 주요 인물 |

| 住
살 주 | 음 ジュウ
훈 すむ・すまう | 住居 주거　住宅 주택　住所 주소
衣食住 의식주
住む (어느 장소에) 살다　住まう 살다, 주거하다 |

| 注
물댈 주 | 음 チュウ
훈 そそぐ | 注意 주의　注目 주목　注文 주문　受注 수주
注ぐ (물 따위를) 붓다, 따르다, (열정을) 쏟다 |

| 酒
술 주 | 음 シュ
훈 さけ・さか | 飲酒 음주
酒 술　酒屋 술집, 주류 판매점 |

| 走
달릴 주 | 음 ソウ
훈 はしる | 走行 주행　逃走 도주　競争 경주
走る 달리다 |

週 돌 주	음 シュウ 훈 ー	しゅうまつ 週末 주말　しゅうかん 週間 주간　こんしゅう 今週 이번주　まいしゅう 毎週 매주

昼 낮 주	음 チュウ 훈 ひる	ちゅうしょく 昼食 점심식사　ちゅうや 昼夜 주야　はくちゅう 白昼 백주, 한낮 ひる 昼 낮　ひるね 昼寝 낮잠　ひるごはん 昼ご飯 점심 식사 ひるやす 昼休み 점심 시간

重 무거울 중	음 ジュウ・チョウ 훈 え・おもい かさなる かさねる	じゅうだい 重大 중대　じゅうよう 重要 중요　じゅうし 重視 중시　たいじゅう 体重 체중 ちょうほう 重宝 소중히 여김　きちょう 貴重 귀중　そんちょう 尊重 존중 え 重 겹　とえはたえ 十重二十重 이중 삼중, 겹겹　おも 重い 무겁다 おもに 重荷 무거운 짐　かさ 重なる 겹치다(자동사) かさ 重ねる 겹치다(타동사)

中 가운데 중	음 チュウ 훈 なか	ちゅうおう 中央 중앙 なか 中 안, 속　なかみ 中身 알맹이, 내용물

止 그칠 지	음 シ 훈 とまる・とめる	ちゅうし 中止 중지　きんし 禁止 금지　しゅうし 終止 종지, 끝남 と 止まる 멈추다, 멈추어서다, 멎다(자동사) と 止める 멈추게 하다(타동사)

池 못 지	음 チ 훈 いけ	かんでんち 乾電池 건전지 いけ 池 연못

地 땅 지	음 チ・ジ 훈 ー	ちか 地下 지하　ちきゅう 地球 지구　ちず 地図 지도　とち 土地 토지 じしん 地震 지진　じめん 地面 지면　いじ 意地 심술, 고집

知 알 지	음 チ 훈 しる	ち え 知恵 지혜　ち しき 知識 지식　つう ち 通知 통지　にん ち 認知 인지 し 知る 알다

持 가질 지	음 ジ 훈 もつ	じ ぞく 持続 지속　じ さん 持参 지참　し じ 支持 지지　い じ 維持 유지 も 持つ 가지다, 들다　に もつ　も 荷物を持つ 짐을 들다

紙 종이 지	음 シ 훈 かみ	し めん 紙面 지면　し じょう 紙上 지상　ひょう し 表紙 표지 かみ 紙 종이　て がみ 手紙 편지

真 참 진	음 シン 훈 ま	しん い 真意 진의　しん じつ 真実 진실　しゃ しん 写真 사진 ま 真 정말, 진실, 바른, 정확한, 뛰어난, 표준적인 ま ごころ 真心 진정한 마음

進 나아갈 진	음 シン・ジン 훈 すすむ 　　すすめる	しん がく 進学 진학　しょう しん 昇進 승진 すす 進む 나아가다 すす 進める 앞으로 나아가게 하다, 진척시키다, 진행하다

質 바탕 질	음 シツ・シチ・チ 훈 ー	しつ もん 質問 질문　ひん しつ 品質 품질　じっ しつ 実質 실질　しち や 質屋 전당포 ひと じち 人質 인질　げん しつ 言質 언질

集 모일 집	음 シュウ 훈 あつまる 　　あつめる 　　つどう	しゅう ごう 集合 집합　しゅう だん 集団 집단　しゅう ちゅう 集中 집중　へん しゅう 編集 편집 あつ 集まる 모이다(자동사)　あつ 集める 모으다(타동사) つど 集う 모이다(자동사)

| 車 | 음 シャ | 車庫 차고　　乗車 승차　　自転車 자전거 |
| 수레 차 / 거 | 훈 くるま | 車 (자동)차 |

| 借 | 음 シャク | 借用 차용　　貸借 빌려주고 빌림　　借金 빚, 부채 |
| 빌 차 | 훈 かりる | 借りる 빌리다 |

| 着 | 음 チャク・ジャク | 着 벌(옷을 세는 단위)　　着用 착용　　着手 착수
到着 도착　　愛着 애착　　執着 집착(불교용어) |
| 붙을 착 | 훈 きる・きせる　つく・つける | 着る 입다　　着物 기모노(일본 전통 의상)
着せる 입히다, (은혜 따위를) 베풀다
着く 도착하다, 어느 장소에 안착하다
着ける 대다, (몸 따위에) 걸치다 |

| 採 | 음 サイ | 採取 채취　　採集 채집　　伐採 벌채 |
| 캘 채 | 훈 とる | 採る 뽑다, 채택하다 |

| 千 | 음 セン | 千円 천 엔　　千客万来 천객만래 |
| 일천 천 | 훈 ち | 千世 천 년, 천세, 영원 |

| 川 | 음 セン | 河川 하천 |
| 내 천 | 훈 かわ | 川 강, 내, 시내, 하천　　川辺 강변, 물가 |

天 하늘 천	음 テン 훈 あめ・あま	てんき 天気 날씨　うてん 雨天 우천 あめ・あま 天 하늘　あま がわ 天の川 은하수
青 푸를 청	음 セイ・ジョウ 훈 あお・あおい	せいしゅん 青春 청춘　せいねん 青年 청년　こんじょう 紺青 감청　ぐんじょう 群青 군청 あお 青 파랑, 파란색　あお に さい 青二才 풋내기　あお 青い 파랗다
体 몸 체	음 タイ・テイ 훈 からだ	たいりょく 体力 체력　たいじゅう 体重 체중　ぜんたい 全体 전체　だんたい 団体 단체 ていさい 体裁 겉모양, 외관　せ けんてい 世間体 체면, 이목 からだ 体 몸　からだ 体つき 몸매, 체격
村 마을 촌	음 ソン 훈 むら	ぎょそん 漁村 어촌　のうそん 農村 농촌 むら 村 마을, 촌락　むらびと 村人 마을 사람
秋 가을 추	음 シュウ 훈 あき	しゅうき 秋季 추계, 가을철　しゅうぶん 秋分 추분　しゅんじゅう 春秋 춘추 あき 秋 가을
春 봄 춘	음 シュン 훈 はる	しゅんき 春期 춘기　せいしゅん 青春 청춘　しゅん か しゅうとう 春夏秋冬 춘하추동 はる 春 봄　はるさめ 春雨 봄비　はるかぜ 春風 봄바람
出 날 출	음 シュツ・スイ 훈 だす・でる・で	しゅっせき 出席 출석　すいとう 出納 출납 だ 出す 내다, 꺼내다 で 出る 나가다, 나오다　で ぐち 出口 출구

| 親
친할 친 | 음 シン
훈 おや・したしい
したしむ | 親切 친절　親友 친한 친구　両親 양친
親 부모　親指 엄지손가락　親孝行 효도
親しい 친하다(형용사)　親しむ 친하게 지내다 |

| 七
일곱 칠 | 음 シチ
훈 なな
ななつ・なのか
특수한 읽기 | 七五三 어린이의 성장을 축하하는 행사
七 일곱　七つ 일곱, 일곱 살　七日 7일
七夕 칠월칠석 |

| 太
클 태 | 음 タイ
훈 ふとい・ふとる | 太陽 태양　太鼓 북
太い 굵다　太る 살찌다 |

| 土
흙 토 | 음 ド・ト
훈 つち
특수한 읽기 | 土台 토대　土地 토지
土 땅, 흙
お土産 여행지 등에서 사오는 선물 |

| 通
통할 통 | 음 ツウ・ツ
훈 とおる・とおす
かよう | 通行 통행　通信 통신　交通 교통　普通 보통
通夜 밤샘　通る 지나다, 지나가다, 통과하다
通す 지나게 하다, 통과시키다
通う (정기적으로) 다니다 |

| 特
유다를 특 | 음 トク
훈 ー | 特別 특별　特集 특집　特急 특급　独特 독특 |

| 八
여덟 팔 | 음 ハチ
훈 や・やつ
ようか・やっつ | 八 팔, 여덟
八百屋 채소 가게　八 여덟, 여덟 살　八日 8일
八つ 여덟, 여덟 개 |

便

- 음 ベン・ビン
- 훈 たより

편할(소식) 편/용변 변

方便 방편　郵便 우편
便箋 편지지
便り 편의, 편리, 소식, 편지

品

- 음 ヒン
- 훈 しな

물건 품

品格 품격　品質 품질　部品 부품　食品 식품
品物 물건, 상품　品切れ 품절　手品 요술, 마술

風

- 음 フウ・フ
- 훈 かぜ・かざ

바람 풍

風力 풍력　風俗 풍속　強風 강풍　風呂 목욕
風 바람　風車 바람개비, 풍차
風見鶏 닭 모양의 풍향계

必

- 음 ヒツ
- 훈 かならず

반드시 필

必要 필요　必死 필사
必ず 반드시, 꼭, 틀림없이

下

- 음 カ・ゲ
- 훈 した・しも
  おりる・さがる
  さげる・くだる
  くださる

아래 하

下半身 하반신
下 아래, 밑　靴下 양말
下 (강의) 아래쪽, 하류, (장소의) 아래
下りる 내리다, 내려오다, 내려가다
下がる (기온, 열, 가격, 지위 등) 내리다, 떨어지다
下げる (위치를) 낮추다, (정도, 질을) 떨어뜨리다
下る 내려가다　下さる (윗사람이 아랫사람에게) 주시다

夏

- 음 カ・ゲ
- 훈 なつ

여름 하

夏季 여름철　夏期 하기　初夏 초여름
盛夏 한 여름　夏至 하지
夏 여름　夏休み 여름 방학, 여름 휴가

학		
学 배울 학	음 ガク 훈 まなぶ	がくしゅう 学習 학습　がくせい 学生 학생　てつがく 哲学 철학 まな 学ぶ 배우다, 익히다
漢 한나라 한	음 カン 훈 ―	かんじ 漢字 한자, 한자어　かんぶん 漢文 한문 かんわじてん 漢和辞典 일본 한자 사전
寒 찰 한	음 カン 훈 さむい	かんたい 寒帯 한대　おかん 悪寒 오한, 한기　こっかん 酷寒 혹한 さむ 寒い 춥다, 차다
合 합할 합	음 ゴウ・ガツ 훈 あう・あわせる	ごうかく 合格 합격　がっぺい 合併 합병 あ 合う 합쳐지다, 만나다, 맞다 あいず 合図 신호　あ 合わせる 맞추다, 합치다
海 바다 해	음 カイ 훈 うみ	かいがい 海外 해외　かいすい 海水 해수　しんかい 深海 심해　りょうかい 領海 영해 うみ 海 바다　うみべ 海辺 해변
行 다닐 행	음 コウ・ギョウ 　　アン 훈 いく・ゆく・ 　　おこなう	じょこう 徐行 서행　ぎょうじ 行事 행사 あんぎゃ 行脚 행각. 중이 여러 곳을 돌아다님 い 行く 가다　ゆくえふめい 行方不明 행방불명　おこな 行う 행하다
験 시험할 험	음 ケン・ゲン 훈 ―	けいけん 経験 경험　しけん 試験 시험　じっけん 実験 실험　たいけん 体験 체험 げん 験 조짐　しゅげんじゃ 修験者 도를 닦는 사람

県

음 ケン	県知事 현지사　県庁 현청
훈 ー	群県 군현

고을 현

兄

음 ケイ・キョウ	父兄 부형, 학부형　実兄 친형　兄弟 형제
훈 あに	兄 형, 오빠

형 형

好

음 コウ	好調 호조　良好 양호
훈 このむ・すく よい・いい	好む 좋아하다, 즐기다　好く 좋아하다 好い 좋다, 적당하다　好い 좋다

좋아할 호

花

음 カ	花壇 화단　開花 개화　生花 생화
훈 はな	花 꽃　花火 불꽃놀이　花見 꽃구경 生け花 꽃꽂이

꽃 화

画

음 ガ・カク	画家 화가　画像 화상　画面 화면　映画 영화
훈 ー	画数 획수　区画 구획　企画 기획

그림 화/그을 획

話

음 ワ	話題 화제　逸話 일화
훈 はなす・はなし	話す 이야기하다, 말하다 話 이야기, 말, 상의, 소문　昔話 옛날이야기

말씀 화

火

음 カ	火災 화재　火力 화력
훈 ひ	火 불꽃, 불길, 지펴 놓은 불　花火 불꽃

불 화

会 모을 회

- 음 カイ・エ
- 훈 あう

会社 회사　会話 회화　会議 회의　社会 사회
会釈 (가볍게 하는) 인사　会得 터득, 깨침

会う 만나다

回 돌아올 회

- 음 カイ
- 훈 まわる・まわす

回復 회복　回収 회수　挽回 만회
回る 돌다, 회전하다
回す 돌리다, 회전시키다

後 뒤 후

- 음 コウ・ゴ
- 훈 のち・うしろ
  あと

後進 후진　後日 후일　前後左右 전후좌우
後 (시간적으로) 후, 나중
後ろ 뒤, 뒤쪽, 등
後 (공간적) 뒤쪽, (시간적) 뒤, 나중

休 쉴 휴

- 음 キュウ
- 훈 やすむ
  やすめる

休暇 휴가　休憩 휴게　連休 연휴
休む 쉬다, 휴식하다
休める 쉬게 하다, 휴식시키다

黒 검을 흑

- 음 コク
- 훈 くろ・くろい

黒板 흑판, 칠판　黒点 흑점　暗黒 암흑
黒 검정　黒幕 (사건의) 흑막　黒字 흑자
黒い 검다

외국어 출판 40년의 신뢰
외국어 전문 출판 그룹
동양북스가 만드는 책은 다릅니다.

40년의 쉼 없는 노력과 도전으로 책 만들기에 최선을 다해온 동양북스는
오늘도 미래의 가치에 투자하고 있습니다.
대한민국의 내일을 생각하는 도전 정신과 믿음으로 최선을 다하겠습니다.

동양북스

일본어 교재의 최강자, 동양북스 추천 교재

회화 코스북

일본어뱅크 다이스키
STEP 1·2·3·4·5·6·7·8

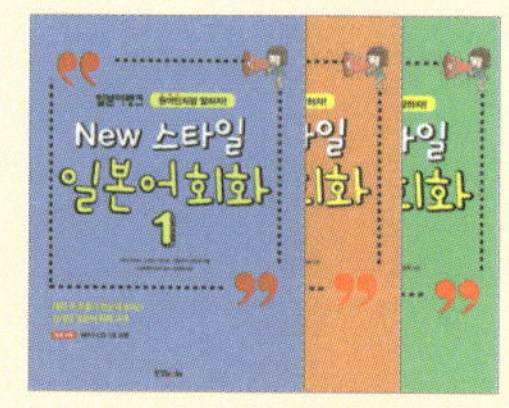

일본어뱅크
New 스타일 일본어 회화
1·2·3

일본어뱅크 도모다찌
STEP 1·2·3

분야서

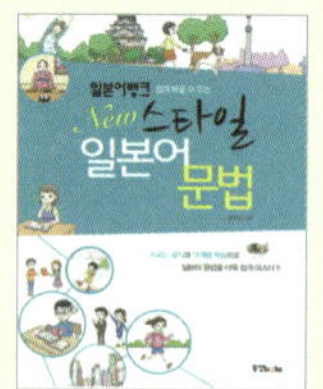

일본어뱅크
NEW 스타일 일본어 문법

일본어뱅크
일본어 작문 초급

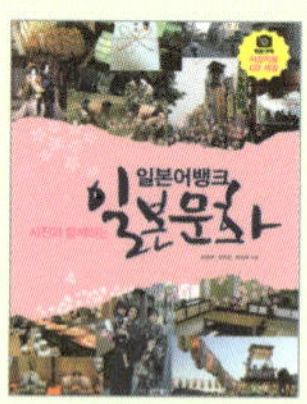

일본어뱅크
사진과 함께하는
일본 문화

일본어뱅크
항공 서비스 일본어

가장 쉬운 독학
일본어 현지회화

수험서

일취월장 JPT
독해 · 청해

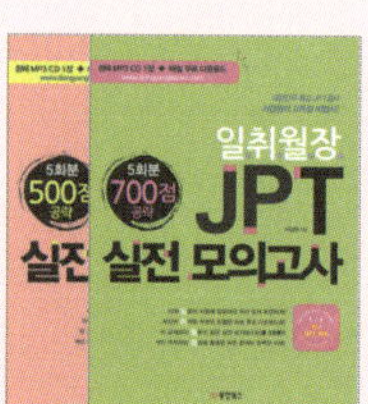

일취월장 JPT
실전 모의고사 500 ·700

新일본어능력시험
실전적중 문제집 문자 · 어휘 N1 · N2
실전적중 문제집 문법 N1 · N2

新일본어능력시험
실전적중 문제집 독해 N1 · N2
실전적중 문제집 청해 N1 · N2

단어 · 한자

新버전업
일본어 한자 암기박사

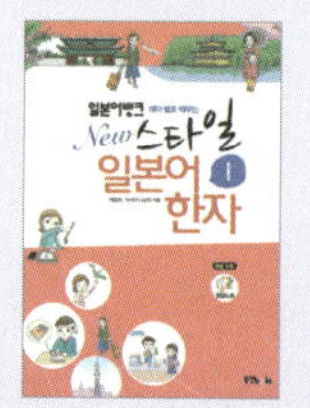

일본어 상용한자 2136
이거 하나면 끝!

일본어뱅크
New 스타일 일본어 한자 1 · 2

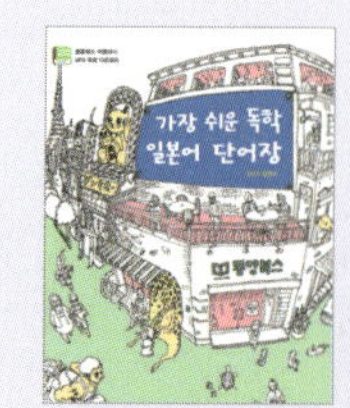

가장 쉬운 독학
일본어 단어장

기타외국어 교재의 최강자, 동양북스 추천 교재

중고급 학습

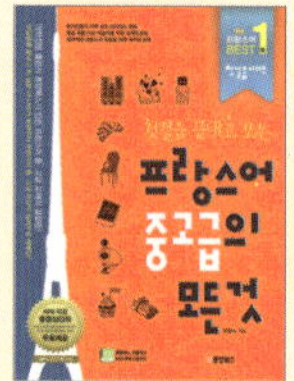
첫걸음 끝내고 보는
프랑스어
중고급의 모든 것

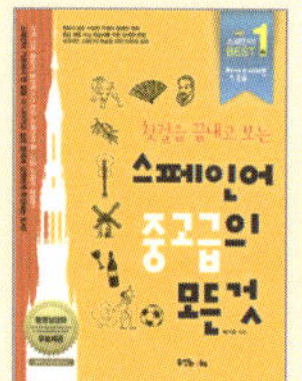
첫걸음 끝내고 보는
스페인어
중고급의 모든 것

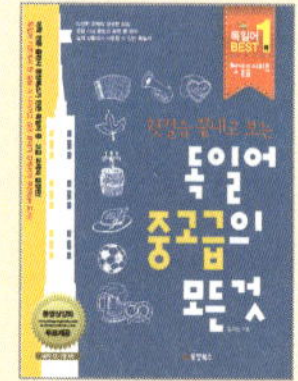
첫걸음 끝내고 보는
독일어
중고급의 모든 것

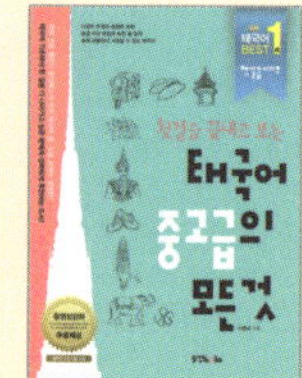
첫걸음 끝내고 보는
태국어
중고급의 모든 것

단어장

버전업! 가장 쉬운
프랑스어 단어장

버전업! 가장 쉬운
스페인어 단어장

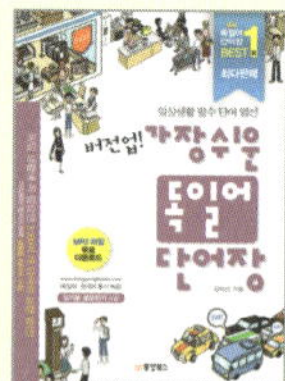
버전업! 가장 쉬운
독일어 단어장

여행 회화

NEW 후다닥
여행 중국어

NEW 후다닥
여행 일본어

NEW 후다닥
여행 영어

NEW 후다닥
여행 독일어

NEW 후다닥
여행 프랑스어

NEW 후다닥
여행 스페인어

NEW 후다닥
여행 베트남어

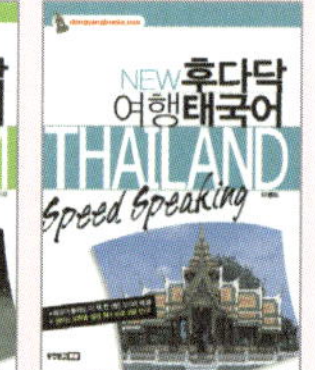
NEW 후다닥
여행 태국어

수험서 · 교재

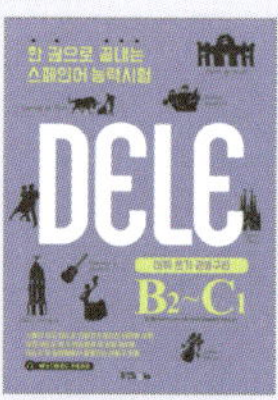
한 권으로 끝내는 DELE
어휘 · 쓰기 · 관용구편 (B2~C1)

수능 기초 베트남어
한 권이면 끝!

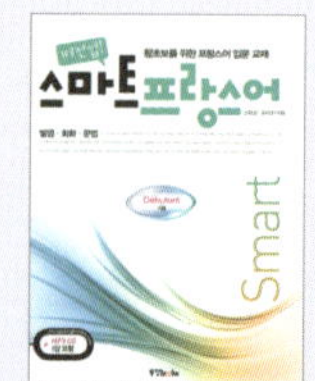
버전업! 스마트 프랑스어

500만 독자가 선택한

가장 쉬운
독학 일본어 첫걸음
14,000원

가장 쉬운
독학 중국어 첫걸음
14,000원

가장 쉬운
독학 베트남어 첫걸음
15,000원

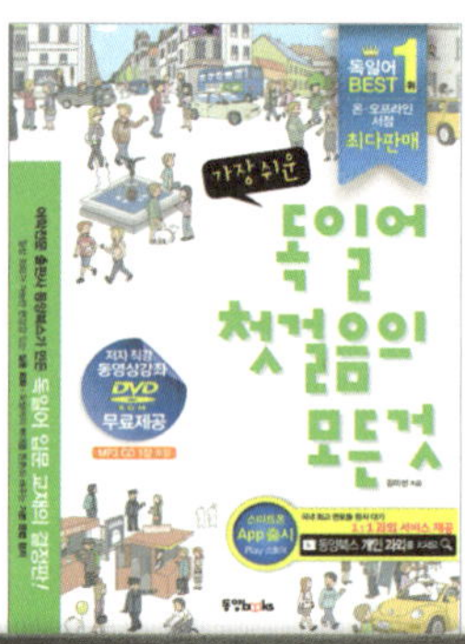

가장 쉬운
독학 스페인어 첫걸음
15,000원

가장 쉬운
프랑스어 첫걸음의 모든 것
17,000원

가장 쉬운
독일어 첫걸음의 모든 것
18,000원

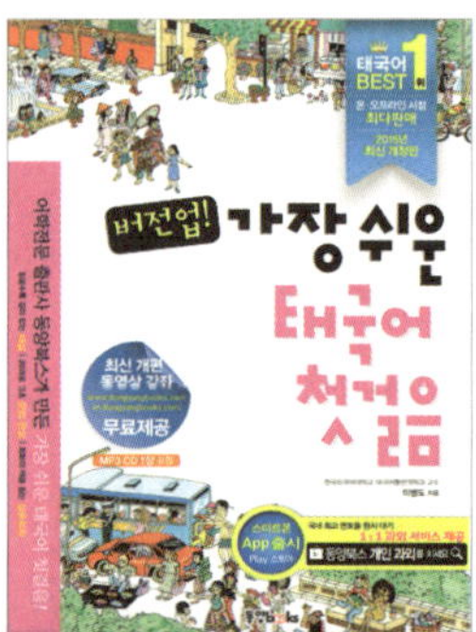

가장 쉬운
스페인어 첫걸음의 모든 것
14,500원

버전업! 가장 쉬운
베트남어 첫걸음
16,000원

버전업! 가장 쉬운
태국어 첫걸음
16,800원

첫걸음 베스트 1위!

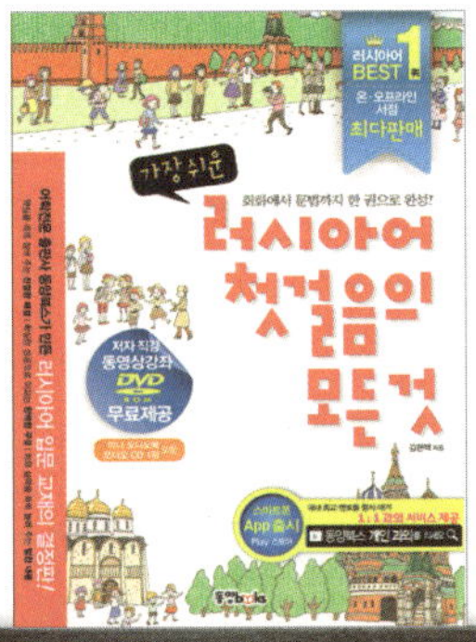

가장 쉬운
러시아어 첫걸음의 모든 것
16,000원

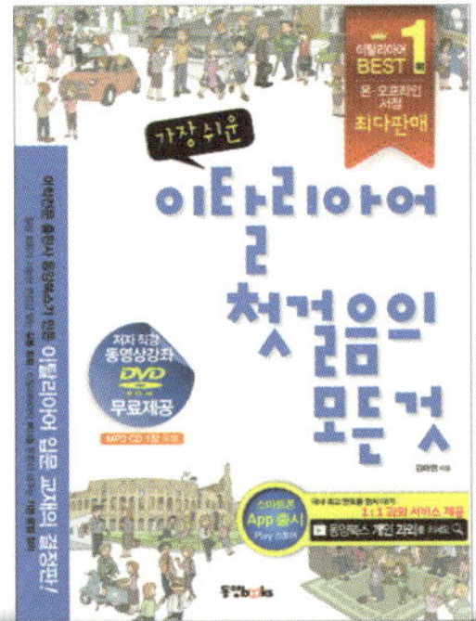

가장 쉬운
이탈리아어 첫걸음의 모든 것
17,500원

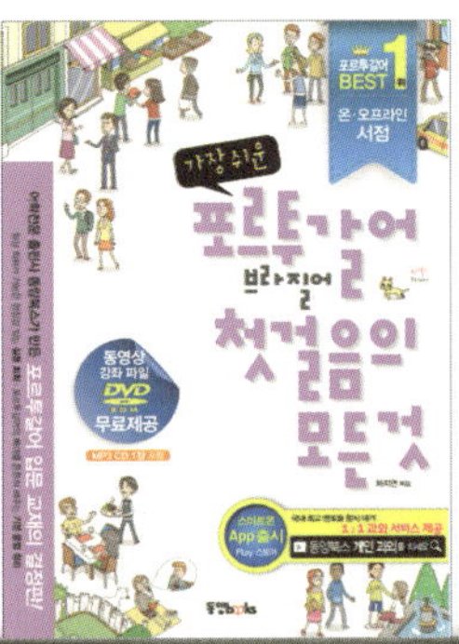

가장 쉬운
포르투갈어 첫걸음의 모든 것
18,000원

가장 쉬운
터키어 첫걸음의 모든 것
16,500원

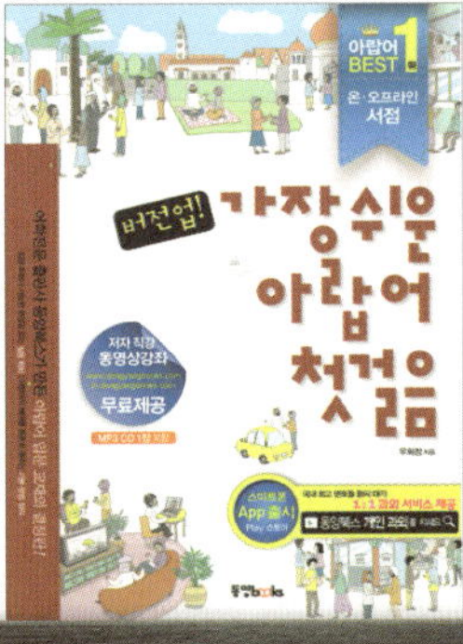

버전업! 가장 쉬운
아랍어 첫걸음
18,500원

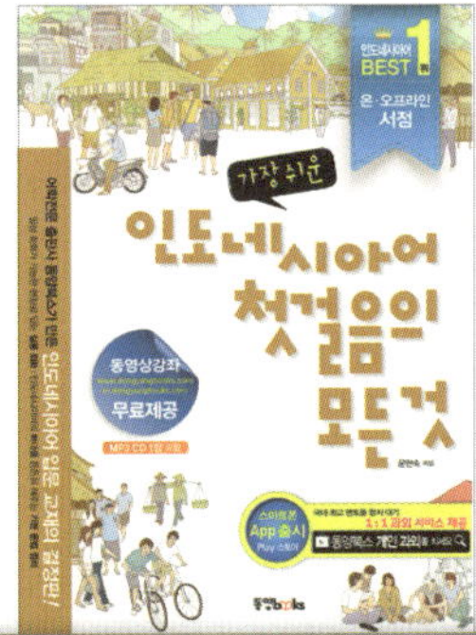

가장 쉬운
인도네시아어 첫걸음의 모든 것
18,500원

가장 쉬운
영어 첫걸음의 모든 것
16,500원

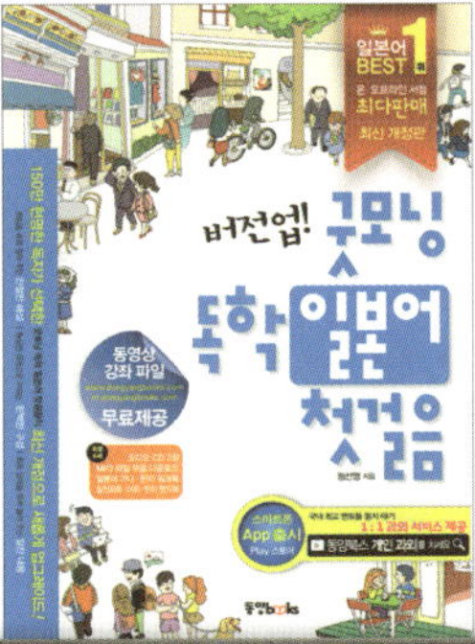

버전업! 굿모닝
독학 일본어 첫걸음
14,500원

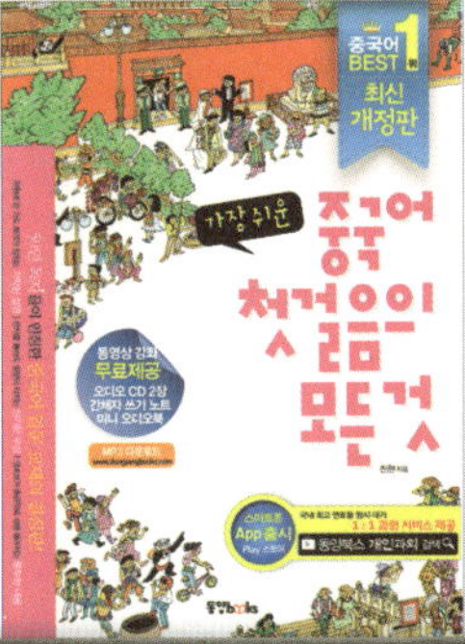

가장 쉬운
중국어 첫걸음의 모든 것
14,500원

가장 쉬운 독학
중국어 첫걸음

가장 쉬운 독학
일본어 첫걸음

오늘부터는
팟캐스트로 공부하자!

팟캐스트 무료 음성 강의

▶1
iOS 사용자
Podcast 앱에서
'동양북스' 검색

▶2
안드로이드 사용자
플레이스토어에서 '팟빵' 등
팟캐스트 앱 다운로드,
다운받은 앱에서
'동양북스' 검색

▶3
PC에서
팟빵(www.podbbang.com)에서
'동양북스' 검색
애플 iTunes 프로그램에서
'동양북스' 검색

◉ 현재 서비스 중인 강의 목록 (팟캐스트 강의는 수시로 업데이트 됩니다.)

• 가장 쉬운 독학 일본어 첫걸음
• 페이의 적재적소 중국어
• 가장 쉬운 독학 중국어 첫걸음
• 중국어 한글로 시작해
• 가장 쉬운 독학 베트남어 첫걸음

매일 매일 업데이트 되는 동양북스 SNS! 동양북스의 새로운 소식과 다양한 정보를 만나보세요.
blog.naver.com/dymg98   instagram.com/dybooks   facebook.com/dybooks   twitter.com/dy_books